lonely planet

WASHINGTON

EN QUELQUES JOURS

KARLA ZIMMERMAN

Sommaire

Préparer son séjour 4

Le Vietnam Veterans Memorial (p. 38)

Explorer Washington 33

Coups de projecteur

Carnet pratique 141

AVERTISSEMENT

Au moment où nous terminions l'édition de ce guide, la pandémie de Covid-19 impactait fortement le monde du voyage. Les informations que vous trouverez dans cet ouvrage sont donc susceptibles de changements. Renseignez-vous bien avant votre départ car la situation aura probablement évolué quand vous préparerez votre voyage.

Bienvenue à Washington

Au premier abord, la capitale des États-Unis semble se résumer à ses monuments et mémoriaux emblématiques, ses grands musées gratuits et les allées du pouvoir où se croisent visionnaires et démagogues... La découverte de la Maison-Blanche et du Capitole impressionne à coup sûr, certes, mais ce sont finalement les rues pavées, les cafés cosmopolites et les quartiers bohèmes de Washington qui vous charmeront, quelle que soit votre sensibilité politique.

Lincoln memorial et le Reflecting Pool (p.36)

SBORISOV/STOCK.ADOBE.COM

Les incontournables

JEFF TURNER/500PX ©

Lincoln Memorial

Un temple grec dédié au 16e président des États-Unis.
p. 36

VACCLAV/SHUTTERSTOCK ©

National Air and Space Museum

Fusées, avions et vaisseaux spatiaux.
p. 42

Vietnam Veterans Memorial

Un monument très émouvant. **p. 38**

GIUSEPPECRIMENI/SHUTTERSTOCK ©

F11PHOTO/SHUTTERSTOCK ©

Washington Monument

Le point culminant de Washington et une vue imprenable sur la ville.
p. 40

Le Capitole

L'impressionnant édifice où siègent les élus de la nation. **p. 82**

ORHAN CAM/SHUTTERSTOCK ©

M. DAGNINO – MUSÉE OCÉANOGRAPHIQUE DE MONACO ©

La Maison-Blanche

L'emblématique résidence du président américain. **p. 58**

National Archives

Découvrir les documents qui ont fait les États-Unis. **p. 98**

United States Holocaust Memorial Museum

Bouleversant. **p. 84**

Reynolds Center for American Art and Portraiture

Le meilleur de l'art américain. **p. 100**

GAUCHE: ROB CRANDALL/SHUTTERSTOCK ©; DROITE: RICK BUETTNER/ALAMY STOCK PHOTO ©

ORHAN CAM/SHUTTERSTOCK ©

Arlington National Cemetery

Tombes célèbres et mémoriaux. **p. 138**

Se restaurer

Ville jusque récemment pas très dynamique d'un point de vue culinaire, Washington a vécu une petite révolution. La raison ? Une multitude de fermes installées aux portes de la ville, ainsi qu'une économie locale en plein essor qui a attiré beaucoup de nouveaux résidents du monde entier. Aujourd'hui, de petits établissements indépendants dirigés par des chefs locaux mènent la danse. Et ils se débrouillent si bien que plusieurs d'entre eux sont étoilés au Michelin.

Cuisine du monde

Peuplée d'immigrants, d'expatriés et de diplomates venus des quatre coins du monde, Washington est une ville très cosmopolite. Or les gens qui viennent de loin aiment retrouver la nourriture de leur pays... Les adresses où déguster de délicieux plats éthiopiens, salvadoriens, vietnamiens, français, espagnols, africains, etc., ne manquent donc pas.

Produits locaux

Washington est située entre deux des meilleures régions de production alimentaire du pays. La baie de Chesapeake fournit crabes, huîtres et rascasses, tandis que le Piedmont, en Virginie, produit gibier, porc, vin et cacahuètes. Autant de sources d'inspiration pour les restaurateurs.

Influence du Sud

Washington se trouve juste à la frontière de deux grandes régions culinaires : le Nord-Est et le Sud, dont l'influence est forte. Cela explique la présence de nombreuses spécialités afro-américaines dans leurs versions basiques et haut de gamme : poulet frit, purée de patates douces et gruau de maïs au beurre, ainsi que l'incontournable thé glacé.

Gastronomie

Dabney Salle rustique et cuisine mid-atlantic. (p. 106)

Tail Up Goat Saveurs méditerranéennes et, côté déco, on se croirait sur une île ! (p. 131)

Rose's Luxury L'attente est longue, mais la cuisine et le service très sympathique valent vraiment la peine. (p. 87)

Petits budgets

Donburi Seulement 15 places au comptoir pour des bols de cuisine japonaise authentique. (p. 131)

Simply Banh Mi Savourez un délicieux pho vietnamien

JON HICKS/GETTY IMAGES ©

et des sandwichs au porc et à la citronnelle. (p. 77)

Restos de quartier

Ben's Chili Bowl Avalez un *half-smoke* avec les locaux. (p. 113)

Bistrot du Coin Cuisine d'inspiration française allant du steak-frites aux moules. (p. 117)

Cuisine végétarienne

Chercher Cuisine éthiopienne dans un cadre coloré. (p. 106)

Shouk Des plats israéliens tout simples. (p. 107)

Poisson et fruits de mer

Maine Avenue Fish Market Crevettes, crabes et huîtres, frits, grillés ou cuits à la vapeur. (p. 92)

Fiola Mare Une adresse incontournable avec vue sur le fleuve et cuisine aux accents italiens. (p. 77)

Douceurs

Baked & Wired Les meilleurs cupcakes de la ville. (p. 73)

Un Je Ne Sais Quoi Une véritable pâtisserie française. (p. 122)

Brunchs

Ted's Bulletin Biscuits à la bière et tartelettes maison. (p. 92)

Diner Omelettes, pancakes et Bloody Marys 24h/24. (p. 132)

Vaut le détour

Adresse connue de tous les gourmets de la ville, **Union Market** (www.unionmarketdc.com ; 1309 5th St NE ; plats 6-11 $; 11h-20h mar-ven, 8h-20h sam et dim ; M Ligne rouge, arrêt NoMa) est un ancien entrepôt reconverti en marché. Toutes sortes de producteurs et marchands y vendent des plats préparés allant des milk-shakes birmans aux tacos coréens..

Prendre un verre et faire la fête

Lors de son investiture en 1800, le président Andrew Jackson décida de s'affranchir du protocole et donna une réception bien arrosée durant laquelle la population de la ville s'imbiba au point que certains commencèrent, dit-on, à piller la Maison-Blanche. En effet, à Washington, on aime lever le coude et les adresses où prendre un verre sont nombreuses.

SCOTT SUCHMAN/FOR THE WASHINGTON POST/GETTY IMAGES ©

Cocktails

Copycat Co Bons cocktails et atmosphère évoquant un speakeasy. (p. 92)

Bar Charley Pour goûter un *Suffering Bastard* dans un verre ancien. (p. 123)

Bières

Bluejacket Brewery Toutes sortes de bières maison, blondes légères ou bières corsées très fortes en alcool. (p. 93)

Churchkey Un choix de 500 bières, dont 50 servies à la pression. (p. 108)

Clubs

18th Street Lounge Cette belle bâtisse de Dupont Circle draine une clientèle jeune et sexy. (p. 124)

Bouis-bouis

Dan's Cafe Décor ringard et alcool à gogo. (p. 133)

Tune Inn Bière à foison sous trophées de chasse. (p. 87)

Bars de quartier

Right Proper Brewing Co Bières maison dans une ancienne salle de billard autrefois fréquentée par Duke Ellington. (p. 113)

Wonderland Ballroom Grande terrasse et objets de récup en déco. (p. 137)

Board Room Bières pression et tous les jeux de société de votre enfance (Dr Maboul, Hippos gloutons, etc.). (p. 117)

À savoir

- Washington est la championne de l'happy hour. Presque tous les bars proposent des boissons et/ou des plats à prix réduits entre 16h et 19h.

Shopping

Magasins d'antiquités, librairies d'occasion, disquaires, boutiques de déco vintage, bijoutiers, galeries d'art et magasins d'artisanat combleront les amateurs de shopping. Sans compter les boutiques de souvenirs où vous pourrez acheter le taille-crayon Abraham Lincoln et la figurine d'Oncle Sam dont vous rêviez...

KARINA MOVSESYAN/SHUTTERSTOCK ©

Marchés

Eastern Market Un boucher, un boulanger et un vendeur de fruits de mer en semaine, plus des artisans et des primeurs le week-end. (p. 87)

Marché aux puces Le week-end : objets d'art, meubles, vêtements, vaisselle, etc. (p. 87)

Antiquités

Book Hill Galeries d'art, boutiques de déco et antiquaires dans le quartier de Georgetown. (p. 73)

Livres

Capitol Hill Books Des livres à foison... jusque dans les toilettes ! (p. 87)

Second Story Books Ouvrages anciens, partitions et livres d'occasion. (p. 125)

Kramerbooks Livres neufs sur les étagères, plats tout simples au café et conversations jusqu'au petit matin. (p. 117, photo ci-dessus à droite))

Idle Time Books Livres d'occasion sur trois niveaux, excellents rayons politique et histoire. (p. 135)

Souvenirs

White House Gifts Balles de golf, tee-shirts et boules à neige sur le thème présidentiel. (p. 67)

National Archives Idéal si vous avez envie d'une règle portant le texte de la Déclaration d'indépendance ou d'une statuette de John Adams. (p. 98)

Mode

Meeps Chemises de cow-boy, lunettes Ray-Ban et autres vêtements et accessoires vintage. (p. 134)

CityCenterDC Un centre commercial, oui, mais de luxe ! (p. 111)

Concerts

À Washington, tous les styles musicaux sont représentés. À l'aube du XXe siècle, on appelait U St NW le "Broadway noir" en raison de ses nombreux clubs de jazz. C'est d'ailleurs dans ce quartier qu'est né Duke Ellington. Aujourd'hui, blues, rock, hip-hop et musiques du monde entier animent les soirées.

HOBERMAN COLLECTION/UNIVERSAL IMAGES GROUP VIA GETTY IMAGES ©

Le rythme des quartiers

De nombreux clubs, et pas seulement de jazz, se concentrent dans U St entre 7th St et 14th St NW. Si le style musical varie (rock alternatif, hip-hop, soul, funk, musique caribéenne), tous ces lieux ont comme point commun une ambiance chaleureuse et décontractée. D'autres quartiers sont à découvrir : H St NE à Capitol Hill pour le rock, et 18th St NW à Adams Morgan pour ses clubs plutôt bruyants et ses concerts de *world music*.

Rock, funk et blues

Hamilton Funk et rock alternatif tout près de la Maison-Blanche. (p. 67)

Madam's Organ Ambiance garantie dans ce haut lieu du blues à Adams Morgan. (p. 133)

Bukom Cafe Du reggae et une clientèle originaire d'Afrique de l'Ouest. (p. 134)

Jazz

Blues Alley Une institution où se sont produits Dizzy Gillespie et bien d'autres grands noms. (p. 79)

Jazz in the Garden Des concerts au beau milieu des œuvres d'art originales du National Sculpture Garden. (p. 53)

Howard Theatre Une adresse historique où Ella Fitzgerald a chanté. (p. 113)

À savoir

- L'hebdomadaire alternatif *Washington City Paper* (www.washingtoncity paper.com) publie la liste des concerts.

Washington gratuit

Trouver des sorties gratuites à Washington n'est pas difficile. Les musées de la Smithsonian, des spectacles, des concerts, la visite de la Maison-Blanche et du Capitole : il y a de quoi s'occuper pendant des semaines sans dépenser 1$.

ANTON_IVANOV/SHUTTERSTOCK ©

Muséemania

La Smithsonian Institution comprend plusieurs musées gratuits. Les collections de la National Gallery of Art et du United States Holocaust Memorial Museum, entre autres, sont aussi en accès libre. C'est également le cas de tous les monuments de la ville. Pour en savoir plus, consultez *Musées et monuments* (p. 16).

Sites

National Archives
Pour voir la Déclaration d'indépendance, la Constitution et le *Bill of Rights*. (p. 98)

Library of Congress
La plus grande bibliothèque du monde conserve des cartes anciennes, des bibles et les livres de Thomas Jefferson. (p. 90)

Visites

La Maison-Blanche
Pour visiter la résidence du président des États-Unis. (p. 58)

Le Capitole Des guides font découvrir le bâtiment du Congrès, ses statues et ses fresques. (p. 82)

Ford's Theatre Pour voir l'endroit où John Wilkes Booth a tué Abraham Lincoln. (p. 104 ; photo ci-contre)

Bureau of Engraving and Printing Pour assister à la fabrication de millions de dollars. (p. 91)

Sorties

Kennedy Center Chaque jour à 18h, le Millennium Stage propose un spectacle de musique ou de danse gratuit. (p. 66)

Shakespeare Theatre Company Au mois d'août, la troupe joue gratuitement une série de pièces de Shakespeare. (p. 109)

Entrée libre le...

Phillips Collection
Exposition permanente gratuite du mardi au vendredi. (p. 120)

National Museum of Women in the Arts
Gratuit le premier dimanche du mois. (p. 105)

Musées et monuments

À Washington, on peut admirer des fusées, des dinosaures, des peintures de Warhol et même le diamant Hope de 45 carats. Haut lieu de la culture, la Smithsonian regroupe 19 musées installés pour la plupart sur le Mall. À cela s'ajoutent de nombreux monuments, symboles de la nation américaine et de ses pères fondateurs.

Les trésors de la Smithsonian

En 1829, James Smithson, un Anglais excentrique, offrit 508 318 dollars aux États-Unis pour créer un établissement visant à la "diffusion du savoir". Aujourd'hui, les musées de la Smithsonian abritent 156 millions d'œuvres d'art, spécimens scientifiques et artefacts accessibles gratuitement.

Les autres musées et collections

Outre la Smithsonian, la ville compte bien d'autres musées, dont la National Gallery of Art et l'United State Holocaust Memorial Museum, gratuits. Si les National Archives et la Library of Congress ne sont pas réellement des musées, tous deux renferment des pièces exceptionnelles. Quelques collections payantes valent aussi le détour.

La folie des monuments

Il y a tant de monuments ici que l'on pourrait croire qu'il est facile d'en élever un. Erreur. Il faut d'abord obtenir l'aval du Congrès, puis lever des sommes colossales et trouver un accord sur le projet. Évoqué depuis des décennies, le Martin Luther King Jr Memorial a été approuvé en 1996 et inauguré en 2011 seulement pour un coût de 120 millions de dollars.

Musées scientifiques

National Air and Space Museum Des fusées, des missiles et le biplan des frères Wright. (p. 42)

National Museum of Natural History Des gemmes, des minéraux, des momies et un calamar géant. (p. 49)

MICHAEL HARE/SHUTTERSTOCK ©

Musées historiques

United State Holocaust Memorial Museum Expositions bouleversantes sur les millions de victimes du nazisme. (p. 84)

National Museum of African American History and Culture La collection passionnante du dernier-né des musées du Mall. (p. 48)

National Museum of American History L'histoire américaine à travers divers objets, comme les souliers de Dorothy dans *Le Magicien d'Oz*. (p. 49)

Musées d'art

Reynolds Center for American Art and Portraiture D'un côté, des portraits, de l'autre, des œuvres d'O'Keeffe, Hopper, etc. (p. 100)

National Gallery of Art Deux immenses bâtiments pour une énorme collection d'art. (p. 49)

Monuments

Lincoln Memorial Abe Lincoln contemple le Mall depuis son temple aux colonnes doriques. (p. 36)

Vietnam Veterans Memorial Un mur noir porte les noms des 58 300 soldats américains et civils morts au Vietnam. (p. 38)

Martin Luther King Jr Memorial La statue du célèbre pasteur est taillée dans un bloc de granit de 9 m de haut. (p. 48)

Washington Monument La vue est imprenable du haut de cet obélisque emblématique, la plus haute construction de la ville. (p. 40)

À savoir

- La plupart des monuments sont accessibles 24h/24. Préférez le matin, plus calme, ou le soir quand ils sont éclairés.

- La plupart des musées et monuments imposent d'avoir des billets avec des heures d'entrée fixes. Vous pouvez réserver en ligne.

Avec des enfants

Les activités pour les enfants ne manquent pas et presque toutes sont gratuites. On peut voir ici la plus belle collection d'ossements de dinosaures des États-Unis, des fusées, et toutes sortes d'objets et documents historiques. Cerise sur le gâteau : tous les sites sont entourés d'espaces verts où les bambins peuvent se défouler...

Réservations

Certains lieux, comme l'International Spy Museum, les National Archives, le Washington Monument, le Ford's Theatre et le Capitole, acceptent les réservations moyennant quelques dollars. En haute saison (de fin mars à août), réservez sur Internet un mois à l'avance pour éviter l'attente.

En cas de pluie

La Smithsonian possède deux salles de cinéma Imax sur le Mall, l'une au National Museum of Natural History, l'autre au National Air and Space Museum (où se trouve aussi l'Einstein Planetarium). Consultez les horaires des deux salles sur www.si.edu/imax.

Films pour se mettre dans l'ambiance

Dans *La Nuit au musée 2* (2009), les collections du National Air and Space Museum et de la National Gallery of Art prennent vie. Le premier opus de la série a été filmé à l'American Museum of Natural History de New York et le troisième se déroule

À savoir

- La plupart des musées donnent un livret famille avec les activités à faire sur place.
- Sur DC Cool Kids (www.washington.org/dc-cool-kids) : des idées d'activités, des conseils de jeunes habitants et des informations sur les musées.

KIT LEONG/SHUTTERSTOCK ©

au British Museum de Londres. Dans *Benjamin Gates et le Trésor des Templiers* (2004), Nicolas Cage découvre au dos de la Déclaration d'indépendance une carte codée qui le lance dans une chasse au trésor.

Musées

National Museum of Natural History
Le chat momifié et le repas des tarentules provoquent toujours des cris. (p. 49)

National Air and Space Museum Touchez une pierre lunaire et visitez des vaisseaux spatiaux. (p. 42)

National Museum of American History
Admirez la "Star-Spangled Banner" (La Bannière étoilée) et l'épée de George Washington. (p. 49)

Sorties

National Theatre
Spectacles gratuits le samedi matin, claquettes, marionnettes, etc. (p. 111)

Discovery Theater
Le théâtre pour enfants de la Smithsonian propose contes et pièces à visée culturelle. (p. 53)

Georgetown Waterfront Park Des fontaines pour se rafraîchir et, tracé au sol, un mini-labyrinthe. (p. 73)

Restaurants

Diner De quoi dessiner pour les enfants, de quoi boire pour les parents et des plats traditionnels américains 24h/24. Parfait. (p. 132)

Ted's Bulletin Une adresse rétro où l'on sert des pancakes smiley et des sandwichs au beurre de cacahuète et à la confiture. (p. 92)

Shopping

International Spy Museum
La boutique du musée vend absolument tout, des fausses moustaches aussi bien que des gadgets pour déguiser sa voix. (p. 104)

Tugooh Toys Des cubes en bois, des peluches écolo et plein de jeux éducatifs. (p. 79)

Scène gay et lesbienne

Sur la question homosexuelle, Washington est l'une des villes les plus libérales et progressistes des États-Unis, abritant une communauté gay assez dynamique où l'homosexuel type est un fonctionnaire d'allure soignée militant pour les droits de la communauté LGBT, tel le mariage gay (autorisé à Washington depuis 2010).

RENA SCHILD/SHUTTERSTOCK ©

Quartiers

La communauté gay se retrouve dans les bars et cafés de Dupont Circle. Ces dernières années, le quartier en direction de Logan Circle, à une courte distance à l'est, a aussi été investi. Les autres quartiers *gay-friendly* sont U Street, Shaw et Capitol Hill.

Manifestations

La plus importante manifestation de l'année est la Capital Pride (www.capitalpride.org), en juin, à laquelle participent quelque 250 000 personnes et dont le point fort est un défilé qui va de Dupont Circle à Logan Circle. Fin mai, la ville accueille la DC Black Pride (www.dcblackpride.org)..

Faire la fête

JR's Pub dans le quartier de Dupont Circle fréquenté par une clientèle jeune et soignée. (p. 117)

Larry's Lounge Petit bar gay de quartier, idéal pour boire un verre et rencontrer des Washingtoniens. (p. 123)

Perry's Son "drag-queen brunch" du dimanche attire les foules. (p. 132)

Dacha Beer Garden Un *beer garden* très libre et sympathique, qui devient officieusement un lieu de rendez-vous gay le dimanche. (p. 108)

Kramerbooks Librairie et café ouverts tard le soir, l'endroit idéal pour draguer. (p. 117)

À savoir

- Le *Washington Blade* (www.washingtonblade.com) est un hebdomadaire gay gratuit qui publie notamment des idées de sorties et des adresses de boutiques et de commerces.
- Son concurrent, le *Metro Weekly* (www.metroweekly.com), vise un lectorat plus jeune.

Théâtre et spectacles

Il n'y a pas que la politique à Washington. De l'élégance huppée du Kennedy Center aux troupes d'amateurs se produisant dans les pubs, la capitale américaine propose une offre variée, qui plaira tout particulièrement aux amoureux de Shakespeare, de la musique classique ou du slam.

MARK VAN SCYOC/SHUTTERSTOCK ©

Théâtre

Shakespeare Theatre Company La meilleure troupe du pays fait honneur au dramaturge anglais. (p. 109)

Woolly Mammoth Theatre Company Du théâtre expérimental et avant-gardiste. (p. 109)

Studio Theatre Souvent primé pour ses pièces contemporaines et réputé pour ses créations. (p. 109)

Ford's Theatre Toujours en activité, le lieu où fut assassiné Lincoln présente souvent des pièces en rapport avec ce dernier. (p. 104, photo ci-dessus)

Spectacles

Kennedy Center La plus grande salle de spectacle de la ville : concerts classiques, opéras, et bien plus ! (p. 66)

Busboys & Poets Le lieu pour les lectures de poèmes et les soirées slam ouvertes aux amateurs. (p. 113)

Fanfares militaires Les différents corps d'armée (Marine Corps, Air Force...) jouent des airs patriotiques au Capitole. (p. 82)

National Theatre Cette immense salle accueille des spectacles de Broadway et de grosses productions. (p. 111)

Humour

DC Improv Les humoristes connus côtoient ici ces amateurs locaux. (p. 125)

À savoir

- Destination DC (www.washington.org/calendar) et Culture Capital (www.culturecapital.com) publient la liste de tous les spectacles.
- Gold Star (www.goldstar.com/washington-dc) propose des places à prix réduits (jusqu'à 50%) pour des spectacles locaux.

Art et architecture

Si la National Gallery of Art et le Reynolds Center for American Art and Portraiture sont les deux grandes institutions incontournables, Washington compte bien d'autres musées spécialisés et galeries passionnantes. Et les bâtiments de style néoclassique, fédéral ou moderne qui se dressent dans les rues constituent eux aussi des œuvres d'art à part entière.

ARCHITECT: DOUGLAS CARDINAL. IMAGE: ROB CRANDALL/SHUTTERSTOCK ©

Galeries d'art

District of Columbia Arts Center Des expositions polémiques de jeunes artistes dans un petit espace. (p. 131)

Touchstone Gallery Géré par 45 artistes, ce lieu propose de superbes expositions d'art contemporain. (p. 105)

Dupont Underground Des expositions originales dans une station de tramway désaffectée sous Dupont Circle. (p. 117)

Musées méconnus

Textile Museum Le seul musée des États-Unis consacré aux textiles. Superbes tissus et tapis. (p. 64)

National Building Museum Des expositions consacrées à l'architecture locale dans une superbe salle aux colonnes corinthiennes. (p. 104)

National Museum of Women in the Arts Des œuvres de Kahlo, O'Keeffe et 700 autres artistes féminines. (p. 105)

Architecture moderne

National Museum of the American Indian Un bâtiment en calcaire aux formes arrondies étonnantes. (p. 52)

National Gallery of Art L'aile est, lumineuse et géométrique, est signée Ieoh Ming Pei. (p. 49)

Reynolds Center for American Art and Portraiture L'immense verrière coiffant la cour est une réussite. (p. 100)

À savoir

- Le style fédéral, qui s'est développé de 1780 à 1830, s'inspirait du néoclassicisme, avec des formes simples, élégantes et discrètes, représentant une identité nationale alors en pleine mutation. De superbes exemples de ce style bordent les rues de Georgetown et de Capitol Hill.

Histoire et politique

Le président, le Congrès et la Cour suprême : Washington abrite les trois piliers du gouvernement des États-Unis, sans compter le département d'État, la Banque mondiale et de très nombreuses ambassades. Incarnation du pouvoir, la ville offre une plongée au cœur de l'histoire et de la politique américaines.

010110010101101/SHUTTERSTOCK ©

Politico-bars

Off The Record Un lieu où les VIP sirotent des martinis, à quelques pas seulement de la Maison-Blanche. (p. 66)

Round Robin Depuis 1850, élus et lobbyistes viennent boire et conclure des affaires dans ce bar. (p. 66)

Politico-restos

Le Diplomate Les élites politiques de la ville se retrouvent ici pour s'offrir un dîner à la française. (p. 107)

Old Ebbitt Grill Amusez-vous à repérer des têtes connues tout en dégustant vos huîtres. (p. 65)

Cafe Milano Cet établissement dans le quartier de Georgetown est célèbre pour ses spaghettis et sa clientèle d'hommes politiques. (p. 78)

Au cœur de la vie politique

Le Capitole Assistez aux réunions des commissions et découvrez comment naissent les lois. (p. 82)

La Maison-Blanche Les manifestations organisées devant le bâtiment sont l'illustration même du principe démocratique. (p. 58)

Sites pour passionnés d'histoire

Ford's Theatre Découvrez la loge où fut assassiné Abraham Lincoln. (p. 104)

National Archives Observez la Déclaration d'indépendance. (p. 98)

Lincoln Memorial Tenez-vous à l'endroit où Martin Luther King prononça son célèbre discours "*I have a dream*". (p. 35)

Watergate Complex Visitez ce bâtiment qui est devenu synonyme de scandale politique à cause de Richard Nixon et ses écoutes clandestines. (p. 64, photo ci-dessus)

Hors des sentiers battus

DANIEL M. SILVA/SHUTTERSTOCK ©

Washington compte quantité d'attractions phares, mais ne repartez pas sans l'avoir explorée plus avant car bien d'autres expériences s'offrent à vous.

Quartiers alternatifs

Brookland Également appelé "Little Rome" pour ses maintes églises et institutions religieuses, Brookland, dans le nord-est de la capitale, est un quartier créatif associant bars à bières, cafés chics, ateliers d'art et boutiques d'artisanat. (Centré sur 12th Street NE ; Ⓜ Brookland CUA, ligne rouge)

Musées peu fréquentés

National Museum of African Art Ce musée de la Smithsonian est une oasis de calme au cœur d'un National Mall engorgé. De superbes masques, peintures, sculptures et tissages de perles égaient les galeries en sous-sol. (africa.si.edu ; 950 Independence Ave SW, DC 20560 ; 🕓10h-17h30)

Tudor Place Cette demeure qui appartenait à la belle-petite-fille de George Washington recèle du mobilier provenant de Mount Vernon. (p. 76)

National Museum of Asian Art Souvent négligé, cet autre musée de la Smithsonian sur le National Mall présente des céramiques anciennes et des sculptures provenant de temples dans deux galeries. (p.51)

Monuments moins connus

Korean War Veterans Memorial Installé sur le National Mall (p. 35), ce mémorial poignant met en scène de fantomatiques soldats en acier qui avancent le long d'un mur ciselé de visages.

African American Civil War Memorial Près de la station de métro U Street, ce mémorial en bronze représente des soldats unionistes afro-américains durant la guerre de Sécession.

Espaces verts

United States National Arboretum Découvrez les arbres qui symbolisent les différents États sur 182 ha de prairies et de bois. (usna.usda.gov ; 3501 New York Ave, NE ; 🕓8h-17h ; Ⓜ Stadium Armory, lignes bleue et orange)

Sport

ROSTISLAV AGEEV/SHUTTERSTOCK ©

Quand il s'agit de sport, la capitale américaine serre les rangs de manière inattendue ! C'est sans doute la seule chose qui suscite ici autant d'ardeur que la politique, tout en étant plus accessible... et bien moins féroce ! Les habitants de Washington profitent des kilomètres de sentiers qui sillonnent la ville pour marcher, courir et pédaler.

Matchs

Nationals Park Places de base-ball bon marché, la course "Racing Presidents", bars et restaurants sympathiques : tout pour une bonne soirée. (p. 95)

Capitol One Arena Le terrain de jeu des Capitals, l'équipe de hockey, et des Wizards, l'équipe de basket. (p. 111)

Marche et jogging

Le Mall Les joggeurs arpentent cette immense pelouse jalonnée de monuments. (p. 35)

Chemin de halage du C&O Canal Un sentier bucolique à quelques pas des boutiques bondées de Georgetown. (p. 75)

Georgetown Waterfront Park Un sentier au bord de l'eau où l'on regarde les bateaux le temps d'un café en terrasse. (p. 73)

Dumbarton Oaks Park Des chemins boisés loin de la foule. (p. 77)

Yards Park Une belle promenade le long de l'Anacostia River. (p. 87)

Circuits guidés

Key Bridge Boathouse Balades en kayak au crépuscule pour voir les monuments illuminés. (p. 76)

Bike & Roll Excursions nocturnes à vélo autour du Mall. (p. 90)

Vélo

Big Wheel Bikes Boutique de location proche de trois superbes pistes cyclables. (p. 76)

Capital Bikeshare Vélos en libre-service à récupérer dans les stations réparties dans toute la ville. (p. 146)

À savoir

- Pour les matchs, achetez vos billets directement sur le site Web de l'équipe, à la billetterie du stade, ou via StubHub (www.stubhub.com).

Washington en 4 jours

1er jour

DIEGOMEZR/SHUTTERSTOCK ©

Commencez par le **Lincoln Memorial** (p. 36) – l'icône washingtonienne absolue –, puis le très émouvant **Vietnam Veterans Memorial** (p. 38) et enfin le **Washington Monument** (p. 40), point culminant de la capitale.

Pour le déjeuner, grignotez au bord de l'eau au **Cascade Cafe** (p. 53), avant de partir à la découverte du **National Museum of African American History and Culture** (p. 48), si vous avez réussi à obtenir une entrée, ou de la **National Gallery of Art** (p. 49). Ensuite, vous n'aurez qu'à traverser la pelouse pour rejoindre le **National Air and Space Museum** (p. 42)

Prenez le métro jusqu'à Dupont Circle pour dîner. Sirotez un cocktail au **Bar Charley** (p. 123), ou buvez une bière au **Board Room** (p. 117).

2e jour

ELISANK79/SHUTTERSTOCK ©

Le matin, offrez-vous une balade "officielle". Débutez par le **Capitole** (p. 82) et ses salles ponctuées de statues. Gravissez ensuite les marches de la **Supreme Court** (p. 90). Tout près, la **Library of Congress** (p. 90) donne le tournis avec ses 1 350 km de rayonnages.

Continuez sur le thème des institutions dans le quartier de la Maison-Blanche. Déjeunez au milieu d' hommes politiques à l'**Old Ebbitt Grill** (p. 65) avant de vous rendre à la **Maison-Blanche** (p. 58), dont vous aurez réservé la visite bien à l'avance. Filez au **Kennedy Center** (p. 66) pour le spectacle gratuit de 18h.

Pour dîner, direction Georgetown, **Chez Billy Sud** (p. 78) ou à **Il Canale** (p. 77). Ensuite, prenez un verre au **Tombs** (p. 73) ou au **Georgetown Waterfront Park** (p. 73) les soirs d'été.

3e jour

EWY MEDIA/SHUTTERSTOCK ©

Une promenade dans l'**Arlington National Cemetery** (p. 138) ne peut manquer d'émouvoir, notamment avec la flamme éternelle veillant sur John F. Kennedy.

Passez l'après-midi dans le quartier de Downtown. Contemplez la Déclaration d'indépendance aux **National Archives** (p. 98) et le fauteuil dans lequel Lincoln fut assassiné au **Ford's Theatre** (p. 104). Ne manquez pas la superbe collection du **Reynolds Center for American Art and Portraiture** (p. 100). Une petite faim ? Testez le **Rasika** (p. 107) ou le **Central Michel Richard** (p. 106).

Remontez 14th St NW vers Logan Circle : ambiance parisienne pour **Le Diplomate** (p. 107), 550 variétés de bière au **Churchkey** (p. 108).

4e jour

JON BILOUS/ALAMY ©

À Dupont Circle, empruntez Massachusetts Ave vers le nord-ouest, en admirant les hôtels particuliers d'**Embassy Row** (p. 120). Contemplez ensuite les toiles et les sculptures modernes de la **Phillips Collection** (p. 120).

Adams Morgan, au nord de Dupont Circle, est le quartier de Washington où l'on fait la fête. Ses boutiques, telles **Meeps** (p. 134) ou **Idle Time Books** (p. 135), offrent néanmoins largement de quoi s'occuper en journée. Le soir, gagnez Columbia Heights et prenez le pouls de la soirée dans 11th St NW. Par beau temps, la terrasse du **Wonderland Ballroom** (p. 137) se remplit d'habitants discutant autour d'un verre.

Les basiques

Pour plus de renseignements, consultez le Carnet pratique (p. 141).

Monnaie
Dollar américain ($)

Langue
Anglais

Formalités
Un programme d'exemption de visa permet aux ressortissants de 38 pays dont la France de séjourner aux États-Unis sans visa, mais un formulaire électronique (ESTA) doit être rempli.

Argent
Nombreux DAB. Cartes bancaires acceptées presque partout.

Téléphones portables
Les cartes SIM locales fonctionnent sur les smartphones débloqués.

Heure locale
GMT moins 5 heures.

Pourboires
Presque systématiques. Restaurant : 18-25%. Bar : 15% par tournée Hôtel : 2 $ par bagage ; 3-5 $ par nuit pour le personnel de chambre. Taxi : 18-20%.

Budget quotidien

Moins de 125 $

Dortoir 30-55 $

Plat du jour et *happy hour* 15-30 $

Pass journée pour le métro 14,50 $

De 125 à 350 $

Double en hôtel ou en B&B 150-275 $

Dîner dans un restaurant de catégorie moyenne 15-25 $

Circuit organisé à vélo 40 $

Plus de 350 $

Double en hôtel de luxe 400 $

Dîner au Pineapple and Pearls 280 $

Un billet à l'opéra 100-200 $

À prévoir

Trois mois avant Réservez votre hôtel, faites une demande de visite de la Maison-Blanche, essayez d'obtenir des places pour l'African American History and Culture Museum.

Un mois avant Réservez en ligne pour les National Archives, l'US Holocaust Memorial Museum, le Ford's Theatre et le Capitole.

Deux semaines avant Réservez une table dans le restaurant de vos rêves.

Arriver à Washington

L'aéroport international de Dulles est à 42 km à l'ouest du centre de Washington, en Virginie. L'aéroport national Ronald Reagan est à 7 km au sud du centre, à Arlington.

Depuis l'aéroport national Ronald Reagan

Des métros (env 2,60 €) circulent de 5h à minuit (jusqu'à 1h ven-sam) et permettent de rejoindre le centre-ville en 20 minutes. Comptez entre 15 et 22 $ en taxi.

Depuis l'aéroport international de Dulles

Les bus Silver Line Express circulent toutes les 15 à 20 minutes vers la station Wiehle-Reston East, de 6h (7h45 le week-end) à 22h40. Comptez 11 $ pour rejoindre le centre-ville, entre 62 et 73 $ en taxi.

Depuis la gare d'Union Station

Tous les trains, ainsi que de nombreux bus, desservent cette gare (photo ci-dessous). Il y a aussi une station de métro à l'intérieur (ligne rouge).

Comment circuler

Les transports publics comprennent métro et bus. La carte SmarTrip s'achète et se recharge dans n'importe quelle station.

Métro

Le prix du billet varie de 1,85 à 6 $. Un pass pour la journée coûte 14,50 $.

Bus

Les bus DC Circulator rouges sont pratiques pour les quartiers mal desservis par le métro. Le trajet coûte 1 $.

Taxi et VTC

Les taxis sont faciles à trouver mais chers : 2,16 $ par mile (1,6 km), avec une prise en charge de 3,25 $.

Les quartiers de Washington

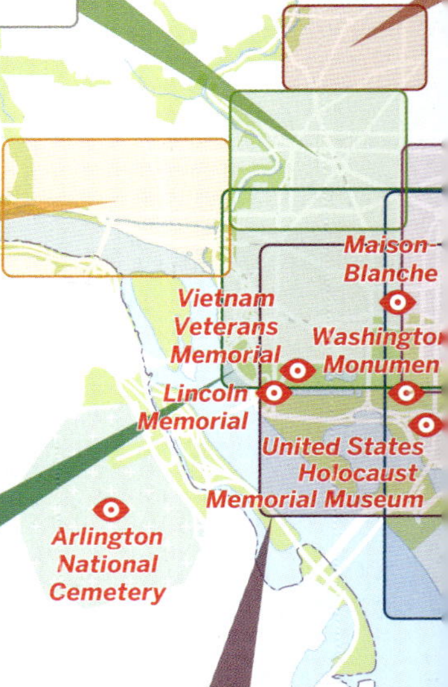

Dupont Circle (P.115)

Communauté LGBT et personnel diplomatique se croisent dans ce quartier chic où l'on vient pour les restaurants branchés, les bars à cocktails et les cafés tendance.

Georgetown (p.71)

Fief des étudiants, des universitaires et des diplomates, ce beau quartier résidentiel abrite aussi des boutiques chics et des sympathiques cafés.

La Maison-Blanche et Foggy Bottom (p.57)

Si les affaires fédérales rythment les journées dans le quartier du président, les spectacles prennent le relais en soirée.

National Mall (p. 35)

Un vaste espace vert où sont regroupés la plupart des grands musées et des monuments.

Adams Morgan (p.129)
Boutiques vintage et disquaires en journée, bars et clubs le soir et, entre les deux, un repas dans un bistrot romantique ou un restaurant exotique.

Downtown Penn Quarter et Logan Circle (p.97)
Musées, théâtres, congrès et restaurants branchés résument bien cette partie de la ville.

Capitol Hill (p.81)
En plus du Capitole, de la Supreme Court et d'autres sites majeurs, on trouve dans le quartier marchés, bons restaurants et bars animés.

Vaut le détour (p. 138)
Arlington National Cemetary

Explorer
Washington

Promenades à pied

Le Washington Monument (p. 40) et son reflet sur le Reflecting Pool.
010110010101101/SHUTTERSTOCK ©

Explorer
National Mall

Si les États-Unis étaient une maison, le Mall serait sa pelouse, dit-on. La comparaison n'est pas usurpée : cette bande verdoyante s'étend sur plus de 3 km entre le Capitole et le Lincoln Memorial. Le Mall est aussi l'endroit où les citoyens viennent manifester et se connecter aux idéaux américains inscrits en lettres capitales sur les monuments et les musées.

Notre sélection

- ***Lincoln Memorial (p. 36)*** *Découvrez la statue de "Abe", lisez son discours de Gettysburg, et tenez-vous là où Martin Luther King Jr prononça son discours "I Have a Dream".*
- ***National Museum of African American History and Culture (p. 48)*** *Explorez la diversité de l'expérience afro-américaine et la façon dont elle marque la nation.*
- ***National Air and Space Museum (p. 42)*** *Émerveillez-vous devant les engins novateurs qui ont transporté les humains dans le ciel et l'espace.*
- ***National Gallery of Art (p. 49)*** *Admirez des centaines de chefs-d'œuvre dans deux édifices habilement reliés.*
- ***Vietnam Veterans Memorial (p. 38)*** *Méditez devant ce mémorial poignant et sa longue liste de noms.*

Comment y aller et circuler

M Métro Stations Smithsonian (lignes argent, bleue et orange) et L'Enfant Plaza (lignes argent, bleue, orange, verte et jaune) pour la majorité des sites ; station Foggy Bottom-GWU (lignes argent, bleue et orange) pour le Lincoln Memorial et le Vietnam Veterans Memorial (puis plus de 1,5 km de marche).

Bus Le DC Circulator National Mall circule autour du Mall et du Tidal Basin, avec des arrêts aux principaux sites.

Plan du quartier p. 46

Washington Monument (p. 40) KEN SCHULZE/SHUTTERSTOCK ©

Les incontournables

Lincoln Memorial

Dans cette ville qui honore tant de personnages illustres, le monument dédié au 16e président des États-Unis occupe une place à part. Cela tient peut-être au classicisme de l'édifice, inspiré d'un temple grec, ou à la dignité du regard de Lincoln. Dans tous les cas, la visite de ce mémorial et la vue sur le Reflecting Pool font partie des temps forts d'une visite de Washington.

PLAN P. 46, A3

www.nps.gov/linc

2 Lincoln Memorial Circle NW

Gratuit

24h/24

Circulator, M Lignes orange, argent et bleue, arrêt Foggy Bottom-GWU

Les colonnes

Si le projet date de 1867 – deux ans après l'assassinat de Lincoln –, la construction du monument ne débuta qu'en 1914. Henry Bacon conçut ce mémorial sur le modèle d'un temple d'ordre dorique, les 36 colonnes symbolisant les 36 États de la fédération américaine au moment de la mort de Lincoln.

La statue et les mots de Lincoln

Il fallut 28 blocs de marbre pour édifier cette figure assise. Le visage et les mains de Lincoln, inspirés de moules réalisés alors qu'il était président, sont particulièrement réalistes. La statue du président est encadrée sur les murs nord et sud d'extraits du discours de Gettysburg, de son deuxième discours d'investiture, ainsi que de peintures murales illustrant ses principes. Cherchez celles représentant la liberté et l'unité, entre autres.

Le discours de Martin Luther King

Le Lincoln Memorial s'est rapidement imposé comme un symbole du mouvement des droits civiques. C'est là que Martin Luther King prononça son fameux discours *"I have a dream"*. Les mots gravés marquent l'endroit où il se tenait ce jour de 1963 – à 18 marches du sommet, juste là où les touristes se massent aujourd'hui pour photographier la magnifique vue sur le Mall.

Le Reflecting Pool

L'architecte Henry Bacon est aussi le concepteur de l'emblématique miroir d'eau inspiré des bassins de Versailles et de Fontainebleau. Long d'un demi-kilomètre, il est alimenté par le Tidal Basin et contient 25 000 m^3 d'eau.

★ À savoir

- Visitez le mémorial en soirée : il est bien illuminé, vraiment évocateur et la foule plus clairsemée.
- Pour une fabuleuse vue sur le Reflecting Pool et le Washington Monument, mettez-vous sur la marche "Martin Luther King".
- Il y a une petite salle d'exposition sous le mémorial, du côté sud (gauche) des marches.

✕ Une petite faim ?

De part et d'autre du mémorial, deux snacks proposent sandwichs, boissons et glaces.

Pour un café ou un verre, le petit bar de l'Hotel Hive (☎ 202-849-8499 ; www.hotelhive.com ; 2224 F St NW ; Ⓜ Lignes orange, argent et bleue, arrêt Foggy Bottom-GWU) est parfait. On y trouve aussi une pizzeria (chaîne locale) ouverte de 11h à 22h. L'hôtel est à 1,2 km (0,75 mile) au nord, sur la 23rd St NW, dans le quartier de Foggy Bottom.

Les incontournables

Vietnam Veterans Memorial

Ce gigantesque "V" de granit noir s'inscrit dans le Mall de la même manière que la guerre dont il honore les victimes est inscrite dans la psyché nationale. Évitant d'associer les idées de guerre et de gloire, il se contente de recenser les noms des membres des forces américaines tués ou disparus au Vietnam. Il rend ainsi hommage à ceux qui ont donné leur vie et exprime dans son architecture le véritable prix de la guerre.

PLAN P. 46, B3

www.nps.gov/vive

5 Henry Bacon Dr NW

Gratuit

24h/24

Circulator, M Lignes orange, argent et bleue, arrêt Foggy Bottom-GWU.

Effet miroir

On doit ce mémorial à Maya Lin, une jeune étudiante en architecture à Yale, lauréate d'un concours national en 1981. Le "V" est composé de deux murs de granit poli qui se rejoignent à une hauteur de 3 m, point culminant du monument, avant de décliner pour atteindre 20 cm. La surface réfléchissante permet aux visiteurs d'apercevoir leur propre reflet parmi les noms des défunts, réunissant ainsi passé et présent.

Ordre chronologique

Le mur décline les noms des soldats dans l'ordre chronologique de leur disparition (et dans l'ordre alphabétique pour chaque jour). La liste débute au sommet du monument, sur le panneau 1E, en date du 8 juillet 1959, se poursuit jusqu'à l'extrémité du mur est, à la hauteur du panneau 70E, puis reprend au niveau du panneau 70W, à l'extrémité ouest. La liste retrouve le haut du mur en date du 15 mai 1975, début et fin du conflit se rejoignant dans une boucle symbolique.

Croix et losanges

Un losange près d'un nom signifie "tué, corps retrouvé", tandis qu'un signe + indique que la personne est "portée disparue". On compte 1 200 disparus. Si l'un d'eux revient sain et sauf, un cercle est ajouté autour du + (ce qui n'est jamais arrivé).

Sculptures

En 1984, des détracteurs de Maya Lin ont insisté pour qu'une sculpture plus classique enrichisse le monument. *The Three Soldiers* figure trois soldats – un Blanc, un Afro-Américain et un Latino – qui semblent scruter cet océan de noms. À proximité, remarquez aussi le Women in Vietnam Memorial, entouré d'arbres, qui représente des femmes militaires secourant un soldat blessé.

★ À savoir

- À chaque extrémité du mémorial, un index permet de localiser les noms sur le mur. On peut aussi consulter la liste électroniquement via le site du Vietnam Veterans Memorial Fund (www.vvmf.org/Wall-of-Faces), qui fournit également des photos et des informations supplémentaires pour chaque nom.
- Si vous avez des questions, les rangers du parc sont présents sur le site de 10h à 22h. Ils donnent généralement des explications à chaque heure.

Une petite faim ?

Il y a un snack-bar à proximité du mur, vers l'est, au pied du Lincoln Memorial.

Pour profiter de la cuisine authentique du Founding Farmers (p. 65), dans le quartier de la Maison-Blanche, empruntez 21st St NW vers le nord sur 1,5 km.

Les incontournables

Washington Monument

Dominant le Mall tel un point d'exclamation de presque 170 m, cet obélisque incarne toute l'admiration que voue la nation à George Washington, père fondateur et premier président des États-Unis. Il s'agit de la construction la plus haute de la ville, la loi fédérale interdisant qu'un édifice local puisse la dépasser. Le Washington Monument a fait peau neuve en 2019 après 3 ans de travaux.

PLAN P. 46, D3

www.nps.gov/wamo

2 15th St NW

Gratuit

9h-17h

Circulator, M Lignes orange, argent et bleue, arrêt Smithsonian.

Les marbres dépareillés

Débutés en 1848, les travaux stagnèrent un temps à 48 m en raison d'un manque de fonds, guerre de Sécession oblige. Lorsque le chantier redémarra en 1876, la carrière qui avait fourni le marbre d'origine était épuisée. Les entrepreneurs durent se ravitailler ailleurs. Observez la différence de couleur à l'endroit où les deux marbres se rencontrent, à environ un tiers de l'édifice en partant du bas (la partie inférieure est légèrement plus claire).

Le cône pyramidal

En décembre 1884, les ouvriers hissèrent un dernier bloc de marbre de 1,5 tonne, avant de coiffer le monument d'un cône en aluminium de 23 cm. À l'époque, ce matériau était rare et coûteux. Avant qu'elle ne gagne Washington, cette curiosité fut exposée dans la vitrine de Tiffany's, à New York.

La plateforme d'observation et les stèles

À l'intérieur du monument, un ascenseur monte jusqu'à la plateforme d'observation qui offre un point de vue superbe sur la ville. En redescendant, l'ascenseur ralentit pour permettre au visiteur d'admirer quelques-unes des 195 stèles décorant l'intérieur du conduit.

Files d'attente et billets

Il faut se munir d'un billet pour pénétrer dans le monument. Des pass pour une entrée à heure fixe le jour même sont disponibles au **kiosque** (15th St, entre Madison Dr NW et Jefferson Dr SW ; 8h45-17h) situé près du monument. Durant la saison haute, il peut être intéressant de prendre son billet à l'avance par téléphone (877-444-6777) ou en ligne (www.recreation.gov) moyennant un supplément de 1 $.

★ À savoir

- Arrivez 10 minutes avant l'heure indiquée sur votre billet, car il faut d'abord franchir les contrôles de sécurité. L'entrée est petite et seules quelques personnes à la fois peuvent y pénétrer.
- Comptez une heure en tout pour la visite. Vous pouvez choisir de rester plus longtemps – personne ne vous poussera à sortir –, mais une heure est le temps moyen qu'y passent la plupart des gens.
- N'apportez ni nourriture, ni boissons, ni gros sacs à dos. Il est interdit d'en avoir sur la plateforme d'observation et il n'y a pas de consignes où les laisser.

Une petite faim ?

Dégustez un sandwich au milieu de sculptures d'avant-garde au Pavilion Cafe (p. 53).

Rendez-vous au Cascade Cafe de la National Gallery (p. 53) pour plus de choix.

Les incontournables

National Air and Space Museum

Le National Air and Space Museum est l'un des musées les plus visités de la Smithsonian Institution. Les familles s'y pressent pour admirer le nombre ahurissant de fusées, d'avions à réaction et d'engins divers. Citez n'importe quel objet volant mythique – le Flyer des frères Wright, le Spirit of St Louis de Lindbergh, le Skylab, etc. – et vous avez de bonnes chances de le trouver. La collection est en remaniement jusqu'en 2025. Renseignez-vous avant votre visite.

PLAN P. 46, G4

www.airandspace.si.edu

Angle 6th St et Independence Ave SW

10h-17h30, 10h-19h30 mars-sept certains jours

Circulator, M Lignes orange, argent, bleue, verte, jaune jusqu'à L'Enfant Plaza

Le Milestones of Flight Hall

Le hall d'entrée du musée produit une forte impression. Arrivez du côté Mall et levez les yeux : le Bell X-1 de Chuck Yeager, premier avion à avoir franchi le mur du son, et le *Spirit of St Louis* de Charles Lindbergh, auteur du premier vol transatlantique, pendent du plafond. Des missiles nucléaires et des fusées semblent jaillir du sol.

Le Flyer des frères Wright

Les frères Wright ont droit à leur propre galerie (2e niveau), avec en vedette le biplan qu'ils construisirent et firent voler à Kitty Hawk (Caroline du Nord) en 1903. Vous avez bien lu : le premier avion au monde est ici. Entre autres pièces exposées : un vélo conçu par les deux frères (ce fut leur première passion).

L'avion d'Amelia Earhart

L'élégant *Lockheed 5B Vega* d'Amelia Earhart étincelle au milieu de la galerie Pioneers of Flight (2e niveau). À bord de cet engin écarlate, son "petit bus rouge" comme elle l'appelait, elle traversa l'Atlantique en solitaire en 1932 – une première pour une femme. Quelques mois plus tard, autre première, elle effectua un vol sans escale de 19 heures entre Los Angeles et Newark.

Le module lunaire Apollo

Le module *Apollo* semble être en papier d'aluminium, pourtant, il a bien été conçu pour transporter des astronautes ! L'appareil exposé ici, qui a uniquement effectué des essais sans équipage, est une réplique de la navette dont sortirent Armstrong et Aldrin, les premiers hommes sur la Lune.

L'atelier orbital du Skylab

Le Skylab, la première station spatiale américaine, fut lancé en 1973. L'atelier orbital était la plus vaste de ses composantes. Des équipes de trois astronautes y séjournaient jusqu'à trois mois. Faufilez-vous pour apercevoir la douche, le vélo d'entraînement et le reste des quartiers exigus.

★ À savoir

- Prenez un plan au bureau d'information. Tout ce qu'il ne faut pas manquer y figure.
- On peut télécharger l'application gratuite Go Flight avant d'arriver ou une fois sur le site grâce au Wi-Fi gratuit. Elle permet d'accéder à des bonus (vidéos, histoires, etc.) sur les pièces les plus célèbres de la collection.
- Des visites gratuites de 1 heure 30 partent de l'accueil tous les jours à 10h30 et 13h. D'autres visites sont souvent ajoutées si des guides sont disponibles.

Une petite faim ?

McDonald's, Donato's Pizza et Boston Market regroupés à l'extrémité ouest du 1er niveau, feront certainement la joie des plus jeunes.

Pour une adresse plus originale, essayez le Mitsitam Native Foods Cafe (p. 52), situé dans le National Museum of the American Indian, juste à côté.

La galerie How Things Fly

Située au 1er niveau, près de l'accueil, cette galerie abrite de nombreux gadgets interactifs pour les plus jeunes. Ils pourront y découvrir leur poids sur la Lune, observer une soufflerie en action et fabriquer de formidables avions en papier.

Les simulateurs de vol

Les amateurs de frissons fileront au 1er niveau, où la *Flight Simulator Zone* propose deux types d'expériences. La première consiste en un formidable combat aérien dont les participants contrôlent les paramètres. La seconde est un "tour" moins interactif à bord d'un avion de combat F-18 ou d'une navette spatiale futuriste.

Le cinéma IMAX et le planétarium

Le Lockheed Martin IMAX Theater programme une série de films tout au long de la journée et les films diffusés dans l'Albert Einstein Planetarium permettent d'embarquer pour un voyage à travers l'espace. Achetez vos billets en arrivant ou, avant votre visite, sur le site Internet du musée. Coût : 9 $.

L'annexe

Le bâtiment situé sur le Mall abrite seulement une infime partie de la collection d'avions et d'engins spatiaux du musée. Le reste est entreposé dans deux énormes hangars du Steven F Udvar-Hazy Center (photo ci-dessous), près de l'aéroport de Dulles. Parmi les pièces maîtresses figurent l'*Enola Gay* (le B-29 qui a largué la bombe atomique sur Hiroshima) et la navette spatiale *Discovery*. L'annexe se trouve à 4 km de Dulles (comptez 12 $ environ en taxi).

Qui était James Smithson

Un énorme cadeau

Scientifique britannique, James Smithson ne mit jamais les pieds aux États-Unis. Pourtant, lors de sa mort en 1829, il avait inscrit dans son testament sa volonté de fonder à Washington "une institution pour l'amélioration et la diffusion du savoir". Il s'agissait en fait d'un "plan B". L'argent était d'abord allé à son neveu Henry, mais ce dernier mourut quelques années plus tard, sans héritier. La clause de "l'institution" entra donc en vigueur et 508 318 $ furent envoyés à Washington.

Le gouvernement américain refusa dans un premier temps le don. Plusieurs sénateurs estimèrent en effet qu'il était indigne pour les États-Unis d'accepter un tel présent, surtout provenant d'un étranger inconnu. Le sentiment antibritannique n'était sans doute pas étranger au débat... le souvenir de l'incendie de Washington par les Anglais en 1814 était à l'époque encore vif. En 1846, le Congrès finit par accepter l'argent et entama la construction de la Smithsonian Institution.

Des raisons mystérieuses

Qui était donc ce Smithson ? Minéralogiste de métier, habile investisseur, c'était un homme instruit et aisé. Mais la raison qui le poussa à léguer pareille somme (colossale pour l'époque) aux États-Unis plutôt qu'à son Angleterre natale demeure un mystère. Certains virent en lui un antimonarchiste admirateur de la République américaine. Si l'on en croit ses propres mots, peut-être était-il tout simplement féru de connaissances : "Tout homme qui, par ses observations, ses recherches et ses expériences, apporte le savoir à ses semblables, est un membre précieux de la société."

Smithson était âgé de 64 ans lorsqu'il mourut à Gênes, en Italie, où il resta inhumé jusqu'à ce que Alexander Graham Bell – alors responsable de l'institution – rapporte sa dépouille à Washington en 1904. Smithson repose aujourd'hui dans le Smithsonian Castle, sur le Mall.

La Smithsonian Institution aujourd'hui

Le don de Smithson s'est transformé en une véritable malle aux trésors. Sur les quelque 156 millions d'œuvres d'art, de spécimens scientifiques et d'objets anciens que possède la Smithsonian Institution, moins de 2% sont exposés. La collection occupe 19 musées – 10 sur le Mall, 7 à Washington DC et 2 à New York. La Smithsonian Institution gère également le National Zoo. Tous les musées sont gratuits.

A
B
C
D
1
2
3
4
5
6
Washington Circle
Foggy Bottom-GWU
George Washington University
University Yard
H St NW
G St NW
F St NW
E St NW
K St NW
I St NW
Pennsylvania Ave NW
World Bank
Farragut North
Farragut West
McPherson Sq
DOWNTOWN
Lafayette Sq
Treasury Annex
White House
South Lawn
E Executive Ave NW
15th St NW
17th St NW
18th St NW
19th St NW
20th St NW
21st St NW
22nd St NW
23rd St NW
FOGGY BOTTOM
Rawlins Park
Virginia Ave NW
Department of State
Department of the Interior
Constitution Hall
Federal Reserve
The Ellipse
Department of Commerce Building
Constitution Ave NW
National Museum of African American History & Culture 1
Vietnam Veterans Memorial
Constitution Gardens
Henry Bacon Dr NW
17th St SW
Rainbow Pool
8
Reflecting Pool
Lincoln Memorial
National WWII Memorial
Washington Monument
West Potomac Park
NATIONAL MALL
Independence Ave SW
2
Martin Luther King Jr Memorial
Tidal Basin
Raoul Wallenberg Pl SW
10 Franklin Delano Roosevelt Memorial
Memorial Park
Potomac River
Ohio Dr SW
Jefferson Memorial 6
East Potomac Park
E Basin Dr
Nos adresses
Les incontournables p. 36
Voir p. 48
Se restaurer p. 52
Sortir p. 53

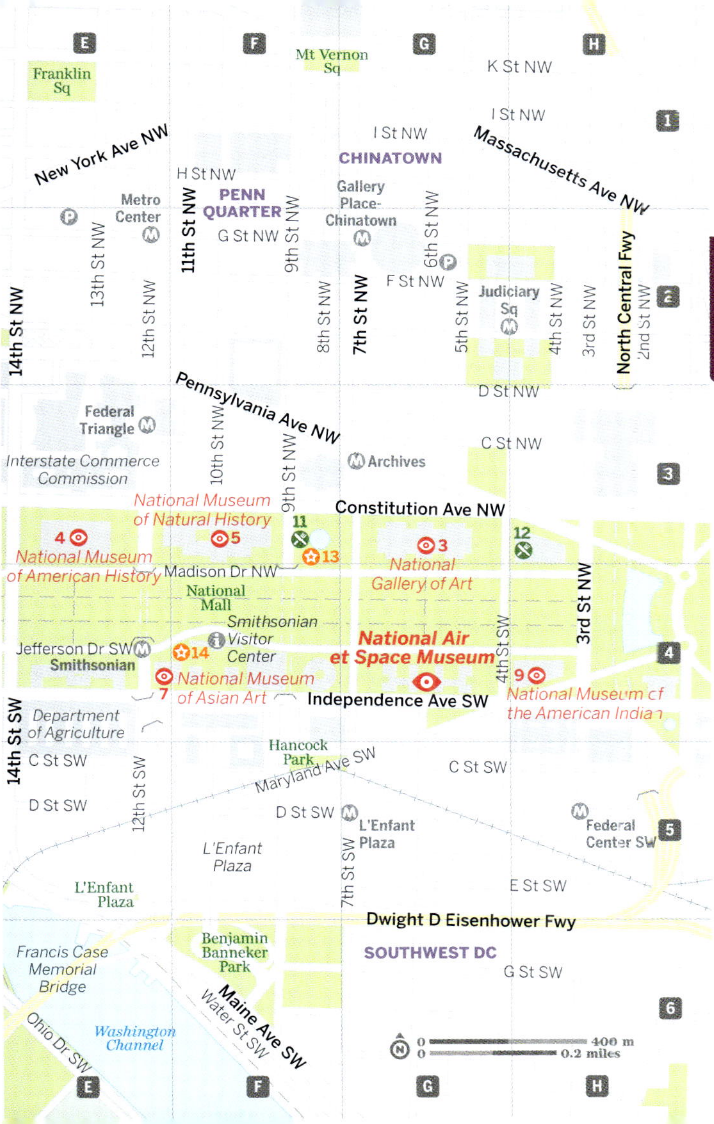

E
F
G
H
Mt Vernon Sq
Franklin Sq
K St NW
I St NW
1
I St NW
New York Ave NW
Massachusetts Ave NW
CHINATOWN
H St NW
PENN QUARTER
Gallery Place-Chinatown
Metro Center
G St NW
13th St NW
11th St NW
9th St NW
6th St NW
F St NW
14th St NW
12th St NW
8th St NW
7th St NW
5th St NW
Judiciary Sq
4th St NW
3rd St NW
North Central Fwy
2nd St NW
2
D St NW
Pennsylvania Ave NW
Federal Triangle
10th St NW
C St NW
9th St NW
Archives
Interstate Commerce Commission
3
National Museum of Natural History
Constitution Ave NW
11
12
4
5
3
13
National Museum of American History
Madison Dr NW
National Gallery of Art
National Mall
3rd St NW
Smithsonian Visitor Center
4th St SW
Jefferson Dr SW
14
National Air et Space Museum
4
Smithsonian
9
National Museum of Asian Art
7
Independence Ave SW
National Museum of the American Indian
14th St SW
Department of Agriculture
C St SW
Hancock Park
Maryland Ave SW
C St SW
12th St SW
D St SW
D St SW
L'Enfant Plaza
Federal Center SW
5
L'Enfant Plaza
7th St SW
E St SW
L'Enfant Plaza
Dwight D Eisenhower Fwy
Benjamin Banneker Park
SOUTHWEST DC
Francis Case Memorial Bridge
G St SW
Maine Ave SW
Water St SW
6
Ohio Dr SW
Washington Channel
0
400 m
0
0.2 miles
E
F
G
H

Voir

National Museum of African American History and Culture MUSÉE

1 PLAN P. 46, D3

Ouvert en 2016, le musée de la Smithsonian évoque l es divers aspects de la culture afro-américaine et montre l'influence qu'elle a eue sur le pays. La collection est hétéroclite, allant du livre de cantiques d'Harriet Tubman à la trompette de Louis Armstrong. Le musée est très fréquenté et il faut réserver une entrée à heure fixe. La meilleure solution pour obtenir une place est d'aller le jour même sur le site Internet du musée, à 6h30 du matin, lorsque les places sont émises. Attention, elles partent en l'espace de quelques minutes seulement. (844-750-3012 ; www.nmaahc.si.edu ; 1400 Constitution Ave NW ; entrée libre ; 10h-17h30, à partir de 12h lun ; Circulator, M Lignes orange, argent et bleue, arrêt Smithsonian ou Federal Triangle)

Martin Luther King Jr Memorial MONUMENT

2 PLAN P. 46, B4

Cette sculpture de 2011 signée Lei Yixin est le mémorial le plus récent du Mall et le premier dédié à un Afro-Américain. Derrière le portrait de 9 m, taillé dans le "rocher de l'espoir" (Stone of Hope), deux blocs de granit représentent la "montagne du désespoir" (Mountain of Despair). La statue

L'extérieur de la National Gallery of Art

ARCHITECT: I. M. PEI. IMAGE: JHVEPHOTO/SHUTTERSTOCK ©

est flanquée par un mur sur lequel sont inscrites des citations bouleversantes de Martin Luther King sur la démocratie, la paix et la justice. Le mémorial est situé dans un endroit très agréable, au bord du Tidal Basin. (www.nps.gov/mlkm ; 1850 W Basin Dr SW ; gratuit ; 24h/24 ; Circulator, M Lignes orange, argent et bleue, arrêt Smithsonian)

National Gallery of Art MUSÉE

3 PLAN P. 46, G3

Une collection superbe du Moyen Âge à nos jours, comprenant notamment l'unique tableau de Léonard de Vinci conservé aux États-Unis et diverses œuvres impressionnistes et postimpressionnistes. Le bâtiment ouest, de style néoclassique, est consacré à l'art européen du début du XXe siècle. Signé Ieoh Ming Pei, le bâtiment met l'art moderne à l'honneur avec des œuvres de Picasso, Matisse, Pollock et un imposant mobile de Calder au-dessus du hall d'entrée. Récemment rénovée et agrandie, cette nouvelle aile mérite vraiment une visite. Les deux bâtiments sont reliés par un passage souterrain. (202-737-4215 ; www.nga.gov ; Constitution Ave NW, entre 3rd St et 7th St ; gratuit ; 10h-17h ; ; Circulator, M Lignes verte et jaune, arrêt Archives)

National Museum of American History MUSÉE

4 PLAN P. 46, E3

Ce musée rassemble des objets relatifs à l'histoire sociale et culturelle américaine. La pièce maîtresse est sans doute le drapeau qui flotta sur le Fort McHenry à Baltimore durant la guerre de 1812 (drapeau qui a inspiré l'écriture de "The Star-Spangled Banner", l'hymne national américain, à Francis Scott Key). Vous pourrez aussi voir les chaussures portées par Judy Garland dans Le Magicien d'Oz et un morceau du Plymouth Rock. (202-663-1000 ; www.americanhistory.si.edu ; angle 14th St et Constitution Ave NW ; gratuit ; 10h-17h30 ; Circulator, M Lignes orange, argent et bleu, arrêt Smithsonian ou Federal Triangle)

National Museum of Natural History MUSÉE

5 PLAN P. 46, F3

Attention, ce musée est vraiment très fréquenté et vous pouvez être sûr qu'il y aura foule... Saluez Henry l'éléphant, puis courez admirer le "Hope Diamond" au 2e niveau. Ce diamant de 45,52 carats aurait fait le malheur de ses propriétaires, dont Marie-Antoinette. La galerie des dinosaures, qui a pour vedette le Nation's T-Rex, vient de rouvrir ses portes après rénovation. Le calamar géant et les tarentules valent également le détour. Ce musée fait toujours la joie des enfants. (202-663-1000 ; www.naturalhistory.si.edu ; angle 10th St et Constitution Ave NW ; gratuit ; 10h-17h30 ; Circulator, M Lignes orange, argent et bleue arrêt Smithsonian ou Federal Triangle)

Le Mall de la Justice

De tout temps, le Mall a servi de forum, permettant au peuple de faire entendre ses doléances. Suffragettes, métayers, militants des droits civiques, vétérans, pacifistes et mères liguées contre les armes, notamment, y ont organisé des rassemblements.

Manifestations historiques

Bonus Army (1932) – Frappés par la Grande Dépression, des vétérans de la Première Guerre mondiale réclament le paiement anticipé de leurs primes. Dix mille d'entre eux plantent la tente sur le Mall et la pelouse du Capitole.

"I have a dream" (1963) – Au firmament du mouvement des droits civiques, le discours poignant du révérend Martin Luther King, prononcé depuis les marches du Lincoln Memorial devant 200 000 partisans, reste un temps fort de la lutte pour l'égalité raciale.

Manifestations contre la guerre (1971) – En avril 1971, quelque 500 000 vétérans du Vietnam et étudiants se réunissent sur le Mall contre la poursuite des hostilités. Plusieurs milliers de personnes sont arrêtées.

AIDS Memorial Quilt (1996) – Conviés par des militants gays et lesbiens à célébrer l'égalité des droits, plus de 300 000 partisans assistent au déploiement de l'AIDS Memorial Quilt (patchwork des noms de victimes du sida), à l'est du Mall, entre le Capitole et le Washington Monument.

Million-Mom March (2000) – Le jour de la fête des Mères, un demi-million de personnes se réunissent sur le Mall pour attirer l'attention sur la violence liée aux armes à feu et exiger une réglementation plus sévère.

Bring Them Home Now (2005) – Emmené par des familles ayant perdu un être cher durant la guerre d'Irak, ce rassemblement de plus de 100 000 manifestants appelle au retrait des troupes américaines.

Women's March (2017) – Le lendemain de l'investiture du président Donald Trump, quelque 500 000 personnes se rassemblent sur le Mall pour défendre les droits des femmes, entre autres revendications. Des manifestations similaires ont lieu dans d'autres villes du monde entier.

Jefferson Memorial

MONUMENT

6 PLAN P. 46, D5

Installé sur la rive sud du Tidal Basin, parmi les cerisiers, ce mémorial honore le 3e président américain, politique, philosophe, rédacteur de la Déclaration d'indépendance et fondateur de l'université de Virginie. À l'intérieur, on peut admirer une statue de bronze haute de 6 m et lire des extraits de ses écrits sur les murs. (www.nps.gov/thje ; 900 Ohio Dr SW ; gratuit ; 24h/24 ; Circulator, M Lignes orange, argent et bleue, arrêt Smithsonian)

Freer-Sackler Museums of Asian Art

MUSÉE

7 PLAN P. 46, E4

Ce musée conserve des parchemins japonais, des manuscrits islamiques rares et des jades chinois. Les galeries Freer et Sackler, deux entités distinctes, sont reliées par un passage souterrain. La Sackler accueille les expositions temporaires ; la Freer, et c'est plutôt inattendu, abrite notamment des œuvres du peintre américain James Whistler. Ne manquez pas la Peacock Room et ses céramiques bleues et or. (202-633-1000 ; www.asia.si.edu ; angle Independence Ave et 12th St SW ; gratuit ; 10h-17h30 ; Circulator, M Lignes orange, argent et bleue, arrêt Smithsonian)

National Sculpture Garden

Les 2,5 ha du **National Sculpture Garden** (angle Constitution Ave NW et 7th St NW ; entrée libre ; 10h-17h ; Circulator, mLignes verte et jaune, arrêt Archives) sont décorés de sculptures originales comme la *Maison* de Roy Lichtenstein ou l'araignée *Maman* de Louise Bourgeois. Elles sont dispersées autour d'une fontaine – c'est un excellent endroit pour se tremper les pieds en été et se mêler aux habitants de la ville. De mi-novembre à mi-mars, la fontaine se transforme en patinoire.

National World War II Memorial

MONUMENT

8 PLAN P. 46, C3

Ce monument inauguré en 2004 rend hommage aux 400 000 Américains tombés durant la Seconde Guerre mondiale et aux 16 millions de soldats engagés entre 1941 et 1945. Les deux arcs symbolisent la victoire alliée en Europe et dans le Pacifique. Quant aux 56 piliers entourant la place, ils représentent l'ensemble des États et des territoires américains. Des groupes de vétérans viennent régulièrement ici pour se recueillir. (www.nps.gov/wwii ; 17th St ; gratuit ; 24h/24 ; Circulator, M Lignes orange, argent et bleue, arrêt Smithsonian)

National Museum of the American Indian MUSÉE

9 PLAN P. 46, G4

L'architecture du bâtiment, de couleur ocre et arrondie, impressionne. On peut y voir divers objets et costumes ainsi qu'y entendre des enregistrements. La galerie Our Universes, consacrée aux croyances et à la création de l'univers selon les Amérindiens, est fascinante. C'est un bon point de départ pour la visite. (202-663-1000 ; www.nmai.si.edu ; angle 4th St et Independence Ave SW ; gratuit ; 10h-17h30 ; Circulator, M Lignes orange, argent, verte, jaune et bleue, arrêt L'Enfant Plaza)

Franklin Delano Roosevelt Memorial MONUMENT

10 PLAN P. 46, B4

Ce mémorial, qui s'étend sur 3 ha, rend hommage au président américain détenteur du record de longévité à la Maison-Blanche. Quatre "salles" à ciel ouvert entourées de murs en granit rouge relatent l'expérience de Roosevelt à Washington, notamment durant la Grande Dépression, le New Deal et la Seconde Guerre mondiale. L'histoire de cette période difficile est racontée par des statues et des inscriptions, dans un environnement paisible, ponctué de fontaines. Le mémorial est magnifique la nuit, lorsque le marbre scintille des reflets du Tidal Basin. En fait, Roosevelt ne souhaitait pas un grand mémorial, il avait demandé une simple **plaque de pierre** (angle 9th St et Pennsylvania Ave NW ; M Archives) près des National Archives. (www.nps.gov/frde ; 400 W Basin Dr SW ; gratuit ; 24h/24 ; Circulator, M Lignes orange, argent et bleue, arrêt Smithsonian)

Prévoyez votre pique-nique

Hormis quelques bons cafés dans les musées et quelques snack-bars ici et là, le Mall est un vrai désert culinaire ! Il est donc judicieux de prévoir ses provisions. Pour vous procurer de quoi pique-niquer, allez à l'Eastern Market, situé à quelques stations de métro vers l'est (lignes bleue, argent et orange), dans le quartier de Capitol Hill.

Se restaurer

Mitsitam Native Foods Cafe AMÉRINDIEN $$

L'option la plus originale du Mall, dans le National Museum of the American Indian (voir 9 Plan p. 46, G4). Ce restaurant type cafétéria sert la cuisine amérindienne de cinq régions, dont la côte nord-ouest (saumon sauvage sur planche de cèdre), les Grandes Plaines (chili de bison) et les forêts du Nord (dinde saumurée à l'érable avec riz sauvage). (www.mitsitamcafe.com ; angle 4th St et Independence Ave SW, National Museum of the American Indian ; plats 12-22 $; 11h-17h horaires réduits en hiver ; Circulator,

M Lignes orange, argent, verte, jaune et bleue, arrêt L'Enfant Plaza)

Pavilion Cafe

CAFÉ $$

11 PLAN P. 46, F3

Dans le cadre paisible et verdoyant du National Sculpture Garden, ce café propose pizzas et paninis toute l'année. Installez-vous dans la salle vitrée ou en terrasse, à l'ombre des parasols, pour déguster une pâtisserie française, un verre de vin ou une bière. (202-289-3361 ; www.pavilioncafe.com ; angle Constitution Ave et 7th St NW ; plats 9-13 $; 10h-16h ; Circulator, M Lignes verte et jaune, arrêt Archives)

Cascade Cafe

CAFÉ $

12 PLAN P. 46, G3

À la jonction des deux ailes de la National Gallery, ce café-restaurant en self-service possède une cascade murale conçue par Ieoh Ming Pei. Faites votre choix parmi la sélection de pizzas, plats de pâtes, sandwichs, grillades et salades. Le bar attenant propose 19 parfums de glaces. (202-842-6679 ; National Gallery of Art, bâtiment est ; sandwichs 12-14 $; 11h-15h ; Circulator, M Lignes verte et jaune, arrêt Archives)

Sortir

Jazz in the Garden

CONCERTS

13 PLAN P. 46, F3

Aux beaux jours, le National Sculpture Garden accueille des concerts gratuits et en plein air de jazz, de blues et de world music. Prévoyez votre pique-nique, à compléter par un verre au Pavilion Cafe. (www.nga.gov/jazz ; angle Constitution Ave et 7th St NW ; gratuit ; 17h-20h30 ven fin mai-juillet ; Circulator, M Lignes verte et jaune, arrêt Archives)

Discovery Theater

THÉÂTRE

14 PLAN P. 46, E3

Au sous-sol du Ripley Center, ce théâtre programme de très jolis spectacles de marionnettes ainsi que d'autres productions pour les enfants. (202-633-8700 ; www.discoverytheater.org ; 1100 Jefferson Dr SW ; billets 7-10 $; Circulator, M Lignes orange, argent et bleue, arrêt Smithsonian)

Promenade à pied

Les symboles de Washington

Ce circuit permet de faire le tour des sites les plus célèbres, regroupés sur le National Mall, la pelouse qui s'étend sur 3 km entre le Capitole et le Lincoln Memorial. Les monuments emblématiques se dressent à l'ouest, les musées de la Smithsonian à l'est, tandis qu'au nord se profile la Maison-Blanche. Partez tôt, surtout en été, pour éviter la foule et la chaleur.

Itinéraire

Départ Vietnam Veterans Memorial ; National Mall Circulator ; M Foggy Bottom-GWU

Arrivée Maison-Blanche ; M Federal Triangle ou McPherson Sq

Distance et durée
6 km ; 2 heures 30

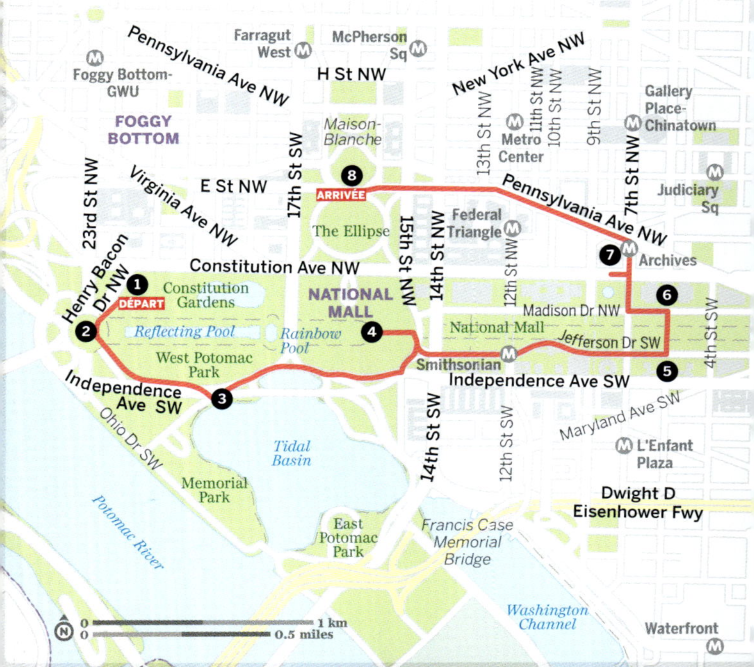

❶ Vietnam Veterans Memorial

Le Vietnam Veterans Memorial (p. 38) porte les noms de plus de 53 000 victimes américaines et civiles de la guerre du Vietnam. Chaque nom est suivi d'un symbole : un losange signifie "tué, corps retrouvé", un signe + signifie que la personne est "portée disparue" (on en compte environ 1 200).

❷ Lincoln Memorial

Suivez la foule jusqu'au Lincoln Memorial (p. 36). Contemplez "Abe" sur son siège, puis dirigez-vous vers l'escalier : une plaque marque l'endroit où Martin Luther King prononça son discours "I have a dream". La vue sur le Reflecting Pool et le Washington Monument est l'une des plus belles de la ville.

❸ Martin Luther King Jr Memorial

Rejoignez le Tidal Basin et le Martin Luther King Jr Memorial (p. 48), dont l'immense statue est entourée de citations.

❹ Washington Monument

En approchant du Washington Monument (p. 40), observez le tiers inférieur de l'obélisque. Sa couleur est légèrement plus pâle, car le monument fut construit en deux étapes.

❺ National Air and Space Museum

Entrez dans le National Air and Space Museum (p. 42) et levez les yeux : entre autres nombreux avions historiques suspendus au plafond, vous pourrez admirer le *Spirit of St Louis* de Lindbergh et le Bell X-1 dans lequel Chuck Yeager franchit le mur du son.

❻ National Gallery of Art

Traversez le Mall pour rejoindre l'aile ouest de style néoclassique de la National Gallery of Art (p. 49). La salle 6 abrite le seul tableau de Léonard de Vinci conservé aux États-Unis. L'aile est abrite des œuvres de Picasso, de Matisse et d'autres maîtres modernes.

❼ National Archives

La Constitution, la Déclaration d'indépendance et le *Bill of Rights* sont conservés dans la rotonde des National Archives (p. 98).

❽ Maison-Blanche

Remontez Pennsylvania Ave jusqu'à E St NW et la Maison-Blanche (p. 58). Faites quelques photos depuis la pelouse sud. Et recevez un point bonus si vous parvenez à prendre un hélicoptère en train de se poser sur la pelouse !

OLD EBBITT GRILL

Explorer

La Maison-Blanche et Foggy Bottom

Le quartier de la Maison-Blanche, où réside le président, jouxte celui de Foggy Bottom, où plane l'ombre du département d'État, de la Banque mondiale et d'autres grandes institutions. Il s'agit essentiellement d'un quartier de bureaux, pas très vivant le soir, à l'exception de l'énorme Kennedy Center

Notre sélection

- ***Maison-Blanche (p. 58)*** *Parcourez les salles richement décorées, découvrez les portraits des présidents et de leurs épouses, et tombez peut-être nez à nez avec le fantôme de Lincoln dans la résidence officielle.*
- ***Round Robin (p. 66)*** *Savourez un whisky ou un mint julep dans l'un des plus célèbres bars d'hôtel du pays.*
- ***Kennedy Center (p. 66)*** *Assistez à un spectacle gratuit n'importe quel soir dans cet immense centre culturel au bord du Potomac.*
- ***Textile Museum (p. 64)*** *Admirez les expositions de merveilleux textiles et tissages du monde entier.*
- ***Old Ebbitt Grill (p. 65)*** *Repérez des figures politiques connues devant des huîtres et un cocktail dans cet établissement animé, proche de la Maison-Blanche.*

Comment y aller et circuler

M Métro Pour la Maison-Blanche, prenez les lignes orange, argent ou bleue jusqu'à Federal Triangle ou McPherson Sq ; descendez à Farragut West pour la Renwick Gallery et d'autres musées ; descendez à Foggy Bottom-GWU pour le Kennedy Center et l'Université.

Plan du quartier p. 62

Devant le Old Ebbitt Grill (p. 65). ROBERT ALEXANDER/GETTY IMAGES ©

Les incontournables

La Maison-Blanche

Symbole de la présidence américaine, la Maison-Blanche est aussi et avant tout un lieu de résidence... Si son faste suscite l'admiration des visiteurs, son charme réside plus dans toutes les petites traces laissées ici et là par ceux qui y ont vécu auparavant, c'est-à-dire tous les présidents américains depuis John Adams.

PLAN P. 62, F3

www.whitehouse.gov

1600 Pennsylvania Ave NW

visites 7h30-11h30 mar-jeu, jusqu'à 13h30 ven-sam réservations entre 21 et 90 jours à l'avance

M Lignes orange, bleue et argent, arrêt Federal Triangle

L'histoire

George Washington avait choisi le site de la Maison-Blanche en 1791. Pierre L'Enfant, l'architecte initial, fut renvoyé pour insubordination. Washington organisa un concours national pour trouver un nouvel architecte. Ce fut l'Irlandais James Hoban qui l'emporta. Son idée était de construire un bâtiment simple et classique, en accord avec les principes de ce tout jeune pays. Il prit pour modèle le manoir néoclassique dublinois de Leinster House (XVIIIe siècle) qui est aujourd'hui le siège du Parlement irlandais.

La couleur

Le palais du président, comme on l'appelait jadis, fut construit entre 1792 et 1800. Selon la légende, après avoir été incendié par les Britanniques durant la guerre de 1812, il aurait été peint en blanc pour masquer les stigmates du feu, d'où son surnom. L'histoire est jolie mais inexacte – le bâtiment a quasiment toujours été blanc. C'est Hoban qui fut chargé de superviser la reconstruction : un gros travail, car il ne restait plus que les murs extérieurs et la maçonnerie intérieure.

La résidence

La Maison-Blanche compte 132 chambres, 35 salles de bains, 412 portes, 147 fenêtres, 28 cheminées, 8 escaliers et 3 ascenseurs. La partie résidentielle est au centre, entourée par les ailes ouest et est. Elle comprend trois niveaux : le rez-de-chaussée, le 1er étage (*State Floor*) et le 2e étage. Au rez-de-chaussée et au 1er étage se trouvent des pièces utilisées à des fins officielles. Le 2e étage abrite les appartements privés du président et de sa famille.

★ À savoir

- Les photos sont autorisées avec les téléphones portables et les appareils photo compacts. Les vidéos, les photos au flash et les objectifs de plus de 3 pouces sont interdits.
- N'apportez pas de sac à dos, sac à main, nourriture ou bouteille. Ils ne sont pas autorisés et il n'y a pas de service de consigne
- Il n'y a pas de toilettes publiques à la Maison-Blanche. Les toilettes les plus proches se trouvent au pavillon des visiteurs de l'Ellipse.
- Vous pouvez poser des questions sur l'histoire et l'architecture de la Maison-Blanche aux membres des services secrets qui gardent chaque pièce.

Une petite faim ?

Burgers, huîtres et cabernet-sauvignon à l'Old Ebbitt Grill (p. 65), ou cocktail *mint julep* et scotch single malt au Round Robin (p. 66).

Les ailes est et ouest

L''aile est est considérée comme l'aile qui gère le "social" (organisation des réunions, réceptions, etc.) et l'aile ouest comme celle qui gère les "affaires". Par conséquent, la *Situation Room* – un complexe de plus de 450 m^2 où travaille 24h/24 et 7j/7 un personnel chargé de surveiller les renseignements en provenance du pays et du monde entiers – se trouve dans l'aile ouest. C'est aussi là que se situe la *Cabinet Room*, avec son immense table en acajou autour de laquelle prennent place les secrétaires du cabinet pour s'entretenir avec le président. L'aile est, d'où partent les visites publiques, abrite, entre autres, les bureaux de la première dame et du Social Secretary, qui organise les réceptions, mais vous ne pourrez pas les voir).

Les touches personnelles

Chaque président a personnalisé la propriété au fil du temps. Franklin Roosevelt fit ajouter une piscine ; Jacqueline Kennedy, après que Truman eut détruit nombre des caractéristiques historiques de la résidence (les pièces actuelles sont des répliques), remit du mobilier ancien ; Nixon fit installer une allée de bowling, Carter des panneaux solaires – supprimés par Reagan –, Clinton une piste de jogging et George W. Bush un terrain de T-ball.

Les visites organisées

Les visites sont gratuites, mais on doit réserver. Les non-Américains doivent faire leur demande auprès de l'ambassade de leur pays à Washington DC, de 21 jours à 3 mois

Pupitre présidentiel dans la roseraie de la Maison-Blanche.

à l'avance. Le mieux est de le faire le plus tôt possible. Attention, la capacité est limitée et les fréquentes visites officielles sont, bien entendu, prioritaires sur les visites publiques. La visite dure 30 minutes environ.

Centre d'information des visiteurs

Le **White House Visitor Center** (☎202-208-1631 ; www.nps.gov/whho ; 1450 Pennsylvania Ave NW ; entrée libre ; 🕒7h30-16h ; Ⓜ Lignes orange, bleue et argent, arrêt Federal Triangle) est un bon plan B. On peut y voir des objets divers, tels que le bureau utilisé par Roosevelt pour ses annonces à la radio et le fauteuil de Lincoln. Sont également exposés les moules pour chocolats utilisés par les pâtissiers de la Maison-Blanche. Une exposition multimédia donne une vue à 360° des pièces de la Maison-Blanche. Certes, cela ne vaut pas la vraie visite, mais le centre d'ir
remplit bien son office, e
un aperçu historique co
bâtiment, parsemé d'e
anecdotes sur les prer
dames, les enfants des présidents, leurs animaux domestiques ou leurs préférences alimentaires. La boutique de souvenirs est excellente.

Pour faire une photo

Envie de vous prendre en photo avec la Maison-Blanche en arrière-plan ? Deux options. Allez sur Pennsylvania Ave, derrière les manifestants pacifistes qui sont toujours là, pour une vue depuis la pelouse nord montrant le portique triangulaire nord. Ou rendez-vous sur E St NW pour une photo depuis la pelouse sud, avec le portique sud arrondi et les jardins fleuris au loin. En raison de la barrière de sécurité devant la grille, il n'est pas possible d'avoir une vue non obstruée.

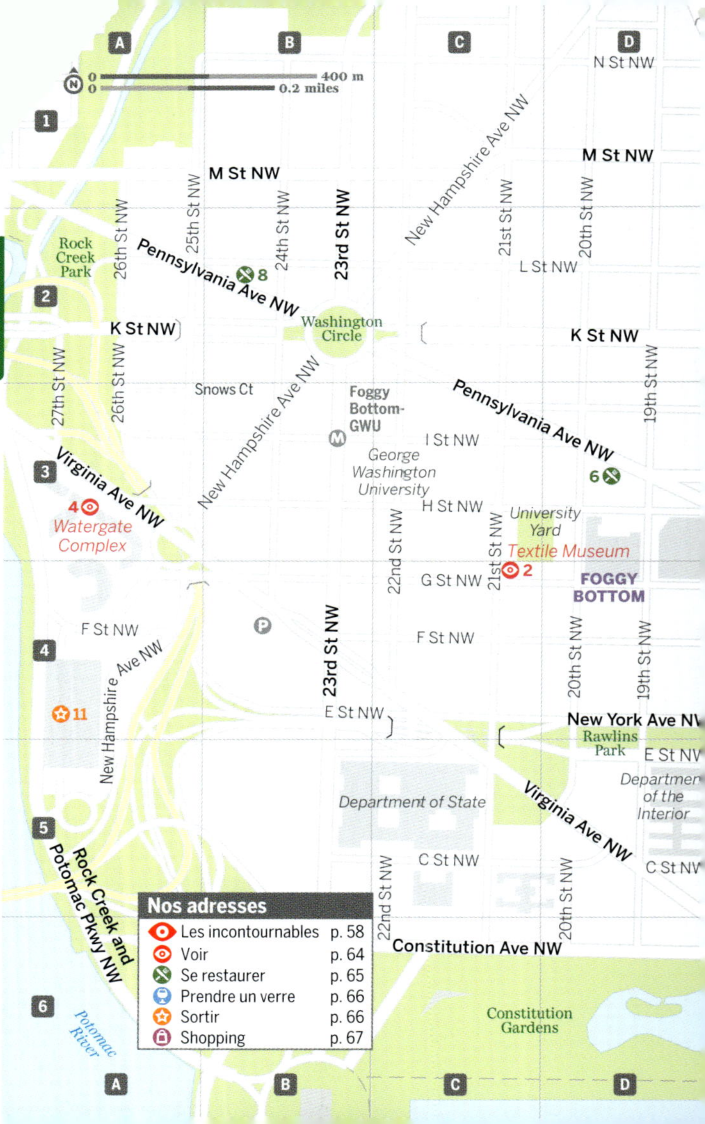
A
B
C
D
N St NW
0 400 m
0 0.2 miles
1
M St NW
M St NW
New Hampshire Ave NW
25th St NW
24th St NW
23rd St NW
21st St NW
20th St NW
Rock Creek Park
26th St NW
Pennsylvania Ave NW
8
L St NW
2
K St NW
Washington Circle
K St NW
27th St NW
26th St NW
Snows Ct
New Hampshire Ave NW
Foggy Bottom-GWU
Pennsylvania Ave NW
19th St NW
I St NW
George Washington University
3
Virginia Ave NW
6
4
Watergate Complex
H St NW
22nd St NW
21st St NW
University Yard
Textile Museum
2
G St NW
FOGGY BOTTOM
F St NW
F St NW
4
New Hampshire Ave NW
23rd St NW
20th St NW
19th St NW
11
E St NW
New York Ave NW
Rawlins Park
E St NW
Department of the Interior
Department of State
Virginia Ave NW
5
Rock Creek and Potomac Pkwy NW
22nd St NW
C St NW
20th St NW
C St NW
Nos adresses
Les incontournables p. 58
Voir p. 64
Se restaurer p. 65
Prendre un verre p. 66
Sortir p. 66
Shopping p. 67
Constitution Ave NW
6
Potomac River
Constitution Gardens
A
B
C
D

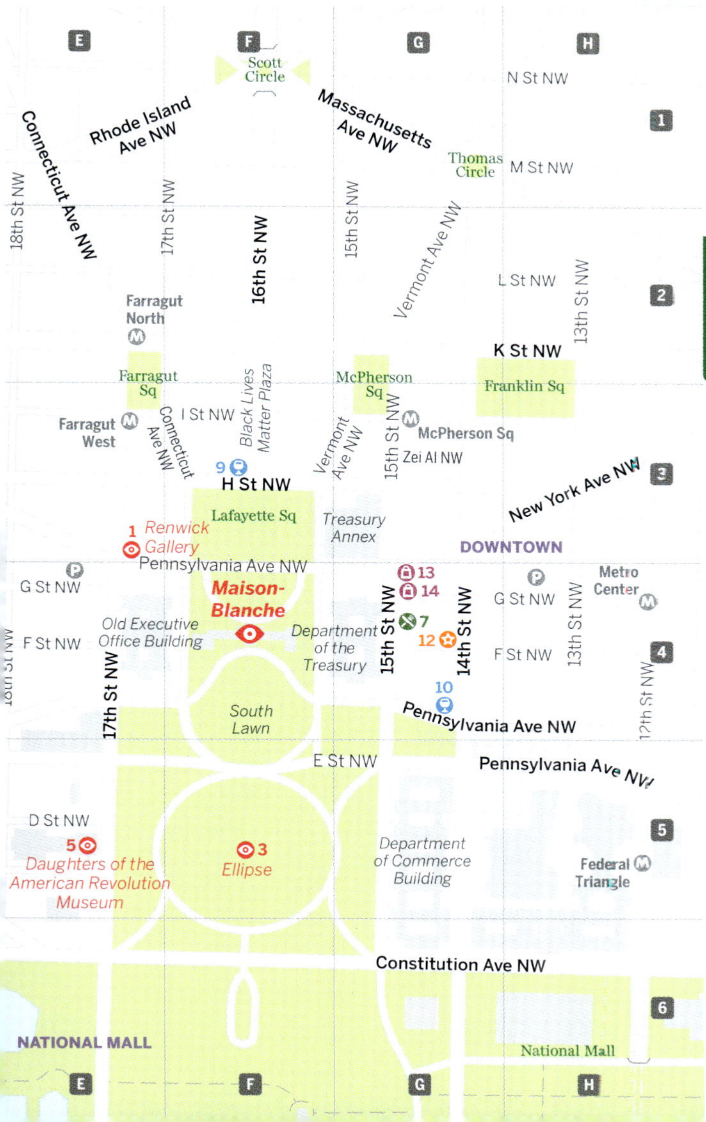
E
F
G
H
1
2
3
4
5
6
Scott Circle
N St NW
Rhode Island Ave NW
Massachusetts Ave NW
Connecticut Ave NW
Thomas Circle
M St NW
18th St NW
17th St NW
16th St NW
15th St NW
Vermont Ave NW
L St NW
13th St NW
Farragut North
K St NW
Farragut Sq
McPherson Sq
Franklin Sq
Farragut West
I St NW
Black Lives Matter Plaza
Connecticut Ave NW
Vermont Ave NW
15th St NW
McPherson Sq
Zei Al NW
9
H St NW
New York Ave NW
Lafayette Sq
Treasury Annex
1 Renwick Gallery
DOWNTOWN
Pennsylvania Ave NW
13
14
Metro Center
G St NW
Maison-Blanche
15th St NW
14th St NW
G St NW
13th St NW
7
12
F St NW
Old Executive Office Building
Department of the Treasury
F St NW
17th St NW
10
12th St NW
South Lawn
Pennsylvania Ave NW
E St NW
Pennsylvania Ave NW
D St NW
5 Daughters of the American Revolution Museum
3 Ellipse
Department of Commerce Building
Federal Triangle
Constitution Ave NW
NATIONAL MALL
National Mall

Food Truck Fiesta

Plus de 150 food-trucks sillonnent les rues de Washington, et en particulier celles du quartier de la Maison-Blanche. En semaine, ils convergent entre 11h30 et 13h30 à la hauteur de Farragut Sq, de Franklin Sq, du département d'État et de l'université George Washington. À l'instar des habitants, offrez-vous un bon repas pour moins de 15 $ – sandwich garni de homard poché au beurre, ou encore bol de nouilles à la laotienne.

Voir

Renwick Gallery

MUSÉE

1 PLAN P. 62, E3

Dans une belle demeure de 1859, ce musée de la Smithsonian abrite une splendide collection d'artisanat contemporain et d'arts décoratifs américains. (202-633-7970 ; renwick.americanart.si.edu ; 1661 Pennsylvania Ave NW ; gratuit ; 10h-17h30 ; M Lignes orange, argent et bleue, arrêt Farragut West)

Textile Museum

MUSÉE

2 PLAN P. 62, C3

Ce petit bijou est le seul musée du textile aux États-Unis. Les expositions sont thématiques – par exemple les tissus imprimés congolais ou les tissus asiatiques représentant des dragons – et changent plusieurs fois par an. Bonus : le musée partage ses locaux avec le "trésor" de la George Washington University : cartes historiques, dessins et souvenirs divers. (202-994-5200 ; www.museum.gwu.edu ; 701 21st St NW ; don suggéré 8 $; 10h-17h ; M Lignes orange, bleue et argent, arrêt Foggy Bottom-GWU)

Ellipse

PARC

3 PLAN P. 62, F5

Cet immense parc ovale au sud de la Maison-Blanche abrite plusieurs monuments, dont le Zero Milestone (le km zéro des routes américaines). Il accueille défilés et manifestations publiques, par exemple l'illumination de l'arbre de Noël national. (Constitution Ave, entre 15th St et 17th St NW ; M Lignes orange, argent et bleue, arrêt Federal Triangle)

Watergate Complex

BÂTIMENT

4 PLAN P. 62, A3

Au bord du Potomac, ce complexe de plusieurs bâtiments comprenant appartements, boutiques et un hôtel est devenu synonyme de scandale politique quand les "plombiers" du président Nixon tentèrent d'y installer des mouchards en 1972, au QG du Parti démocrate. (2600 Virginia Ave NW ; M Lignes orange, argent et bleue, arrêt Foggy Bottom-GWU)

Daughters of the American Revolution

MUSÉE

5 PLAN P. 62, E5

Aussi connu sous le nom de Constitution Hall, cet édifice néoclassique abrite une jolie collection d'objets et de meubles datant de l'époque coloniale. L'entrée se fait par D St. (DAR ; 202-879-3220 , www.dar.org/museum ; 1776 D St NW ; gratuit ; 8h30-16h lun-ven, 9h-17h sam ; Lignes orange, argent et bleue, arrêt Farragut West)

Se restaurer

Founding Farmers

AMÉRICAIN $$

6 PLAN P. 62, D3

Situé dans le bâtiment du FMI, ce restaurant décoré avec des bocaux est plutôt chic. On y mange sur de belles tables en bois. Un décor à la fois rustique, cool et arty, qui correspond à ce qu'il y a dans les assiettes : une cuisine contemporaine, à base de produits locaux (gaufres au poulet frit, raviolis faits maison au mascarpone et courge butternut, etc.). (202-822-8783 www.wearefoundingfarmers.com ; 1924 Pennsylvania Ave NW ; plats 15-30 $; 7h30-23h lun-ven, 8h30-23h sam, 8h30-22h dim ; ; Lignes orange, argent et bleue, arrêt Foggy Bottom-GWU ou Farragut West)

Old Ebbitt Grill

AMÉRICAIN $$

7 PLAN P. 62, G3

Depuis 1846, cet établissement situé à quelques pas de la Maison-Blanche attire aussi bien les personnalités politiques que

Food trucks

les touristes. Les conversations résonnent dans ce décor classique bois et cuivre, tandis que les plats – burgers ventrus, cakes au crabe, *fish and chips* – se succèdent presque aussi vite que les clients. Profitez de l'happy hour pour vous offrir un verre et des huîtres. (202-347-4800 ; www.ebbitt.com ; 675 15th St NW ; plats 18-28 $; 8h-2h ; M Lignes rouge, orange, argent et bleue, arrêt Metro Center)

Marcel's

FRANÇAIS **$$$**

8 PLAN P. 62, B1

Une adresse où l'on concocte une cuisine française classique et élégante avec une touche de modernité. Des plats a priori très simples, tels que la poitrine de porc ou le turbot aux pois, servis avec des accompagnements raffinés (œufs de caille et cornichons, ou la soupe miso pour le cabillaud d'Alaska) et discrets. Une belle expérience gustative. La carte change tous les jours. (202-296-1166 ; www.marcelsdc.com ; 2401 Pennsylvania Ave NW ; menu 4-/5-/6 plats 130/150/170 $; 16h30-21h30 mer-jeu et dim, 16h30-22h ven-sam ; M Lignes orange, bleue et argent, arrêt Foggy Bottom-GWU)

Prendre un verre

Off The Record

BAR

9 PLAN P. 62, F2

Une adresse en sous-sol dans l'un des plus prestigieux hôtels de la ville juste en face de la Maison-Blanche et, à l'intérieur, une atmosphère intime avec des box tendus de velours rouge : pas étonnant que les personnalités de Washington se pressent ici pour être "vues mais pas entendues" (selon la devise du lieu). Des barmen virtuoses y concoctent des cocktails pour une clientèle en costume. De formidables caricatures politiques ornent les murs. (202-638-6600 ; 800 16th St NW, Hay-Adams Hotel ; 11h30-0h30 ; M Lignes orange, argent et bleue, arrêt McPherson Sq)

Round Robin

BAR

10 PLAN P. 62, G4

Fondé en 1850, le bar de l'hôtel Willard est un établissement historique. Dans ce petit espace circulaire tout en bois sombre et velours vert aux murs, les détails de l'âge d'or américain abondent. Si l'endroit est touristique, on y croise aussi des fonctionnaires complotant un nouvel impôt autour d'un *mint julep* ou d'un single malt. (202-628-9100 ; 1401 Pennsylvania Ave NW, Willard InterContinental Hotel ; 14h-minuit lun, 16h-minuit mar-jeu, 13h-minuit ven-dim ; M Lignes rouge, orange, argent et bleue, arrêt Metro Center)

Sortir

Kennedy Center

SPECTACLES

11 PLAN P. 62, A4

Sur plus de 6 ha au bord du Potomac, le Kennedy Center for the Performing Arts, logé dans un magnifique bâtiment, accueille une variété de spectacles absolument stupéfiante : plus de 2 000 chaque année. Le complexe compte plusieurs salles, dont le Concert Hall (qui abrite le National Symphony Orchestra) et l'Opera House (où se produit le National Opera). Navette gratuite depuis/vers la station de métro toutes les 15 minutes entre 9h45 (midi le dimanche) et minuit. (☎ 202-467-4600 ; www.kennedy-center.org ; 2700 F St NW ; M Lignes orange, argent et bleue, arrêt Foggy Bottom-GWU)

Hamilton

CONCERTS

12 PLAN P. 62, G3

À l'étage, dans le restaurant, les VIP dégustent des côtelettes de porc entre lambris acajou et cafetières en argent. L'établissement possède aussi un long bar très convivial où sont proposées quelque 20 bières à la pression (dont plusieurs produites localement). En bas, un club de 500 places accueille presque tous les soirs des groupes divers et variés – funk, blues, rock alternatif, etc. (☎ 202-787-1000 ; www.thehamiltondc.com ; 600 14th St NW ; M Lignes rouge, orange, argent et bleue, arrêt Metro Center)

Shopping

White House Gifts

SOUVENIRS

13 PLAN P. 62, G3

À ne pas confondre avec la boutique de souvenirs officielle de la Maison-Blanche (dans le White House Visitor Center), ce magasin vend des souvenirs... moins officiels. Donc outre les décorations de Noël

Le Kennedy Center

Pourquoi Washington ?

Entre Nord et Sud

Au lendemain de la guerre d'Indépendance, le tout jeune Congrès des États-Unis installe temporairement sa capitale à Philadelphie. La Constitution de 1788 spécifie qu'un territoire fédéral n'excédant pas les 25 km² doit être fondé pour accueillir la capitale du pays. Tandis que Nordistes et Sudistes exigent que cette dernière se trouve sur leurs terres, les grands rivaux Thomas Jefferson (le Virginien) et Alexander Hamilton (le New-Yorkais) s'accordent pour bâtir une nouvelle ville entre le Nord et le Sud. Le nouveau et très apprécié président George Washington choisira son emplacement précis.

Il élit un site à 30 km de sa résidence de Mount Vernon. Son emplacement au bord du Potomac, un choix stratégique en matière de commerce et de circulation fluviale, satisfait le Nord et le Sud. Le Maryland et la Virginie acceptent alors de céder des terres à la nouvelle capitale.

Naissance d'un territoire

Dans une taverne de Georgetown, Washington convainc les propriétaires locaux de vendre leurs terres au gouvernement pour 66 $ l'acre. En mars 1791, un territoire en losange est délimité par-delà les fleuves Potomac et Anacostia. Ses quatre extrémités correspondent aux points cardinaux. Pierre Charles L'Enfant, un officier français ayant participé à la guerre d'Indépendance, esquisse les plans d'une imposante capitale de style européen, avec bâtiments monumentaux et grands boulevards. L'enclave est baptisée le "Territoire de Columbia" (en référence à Christophe Colomb) ; la cité fédérale en son sein devient "la ville de Washington".

Construction et reconstruction

En 1793 débute la construction de la résidence présidentielle et du Capitole. En 1800, John Adams devient le premier occupant du palais et le Congrès se réunit à Washington pour la première fois. Tout se déroule à merveille jusqu'à la guerre anglo-américaine de 1812, qui voit les Britanniques incendier la ville.

Washington mettra du temps à se relever. Une proposition du Congrès, visant à abandonner une capitale démoralisée, est rejetée pour 9 votes. Il faut attendre les années 1860, durant lesquelles les pouvoirs du gouvernement fédéral sont élargis pour affronter la guerre de Sécession et ses conséquences, pour que la capitale trouve enfin son identité.

officielles, vous y trouverez aussi toutes sortes d'articles caricaturant Donald Trump ou d'autres hommes politiques. (202-737-9500 ; www.whitehousegifts.com ; 701 15th St NW ; 9h-19h lun-sam, 9h-18h dim ; M Lignes rouge, orange, bleue et argent, arrêt Metro Center)

W Curtis Draper Tobacconist

TABAC

14 PLAN P. 62, G3

Humez la direction de cette boutique qui vend des cigares aux hommes politiques depuis 1887. Faites votre choix, installez-vous ensuite confortablement dans l'un des fauteuils en cuir et fumez en compagnie d'amateurs de tous âges. L'aimable personnel saura conseiller les novices. (202-638-2555 ; www.wcurtisdraper.com ; 699 15th St NW ; 10h-17h lin-ven ; M Lignes rouge, orange, argent et bleue, arrêt Metro Center)

Kennedy Center gratuit

Pas les moyens de vous offrir une grosse affiche ? Pas de problème ! Tous les soirs à 18h, sur la scène du Grand Foyer, le **Millennium Stage** (www.kennedy-center.org/millennium) propose gratuitement un spectacle de musique ou de danse de premier plan – voir la programmation sur le site Internet. Des guides assurent également des visites (10h-minuit) du bâtiment où l'on admire les lustres et les œuvres d'art. Partez à la découverte de l'ensemble des salles et des salons privés, ainsi que de la fabuleuse terrasse sur le toit. Départs toutes les 10 minutes du guichet des visites, au niveau A.

JOHN CARROLL
FOUNDER

Explorer

Georgetown

Georgetown est le quartier le plus aristocratique de Washington. Les acheteurs compulsifs y ont leurs boutiques sélectes (M Street), les marcheurs et cyclistes leurs sentiers idylliques, et les amateurs de nature leurs parcs chics. Quant aux cafés huppés et autres pubs douillets, ils invitent à prolonger la soirée...

Notre sélection

- ***Dumbarton Oaks (p. 75)*** *Flânez parmi les pièces d'eau et les parterres des jardins, puis admirez des œuvres d'El Greco, des poteries précolombiennes et une bibliothèque d'ouvrages centenaires.*
- ***Chemin de halage du C&O Canal (p. 75)*** *Baladez-vous à pied ou à vélo sur ce chemin de halage bucolique jusqu'aux ponts de bois et anciennes maisons éclusières.*
- ***Georgetown Waterfront Park (p. 73)*** *Sirotez une boisson en regardant les esquifs des rameurs glisser sur le Potomac.*
- ***Key Bridge Boathouse (p. 76)*** *Admirez les monuments de la capitale en canoë au coucher du soleil.*
- ***Martin's Tavern (p. 73)*** *Savourez un cocktail dans la salle où JFK demanda Jackie en mariage.*

Comment y aller et circuler

M Métro L'arrêt Foggy Bottom-GWU (lignes bleue, argent et orange) est à 1,2 km de M St.

Bus La ligne Dupont-Georgetown-Rosslyn du DC Circulator part de la station de métro Dupont Circle (entrée sud) et dessert M St. La ligne Union Station-Georgetown passe par K St et Wisconsin Ave.

À pied Un sentier de 800 m longe le fleuve et relie le Kennedy Center au Georgetown Waterfront Park.

Plan du quartier p. 74

Copley Hall à Georgetown University (p. 76)

Promenade à pied

Dans les rues chics de Georgetown

S'il y a un quartier qui se prête à la flânerie, c'est bien le verdoyant Georgetown. Cette partie de Washington, splendide, a toujours été la plus cossue. On se promène dans les rues bordées d'élégantes maisons mitoyennes, de magasins d'antiquités sélects et d'appétissantes pâtisseries. On y croise des étudiants pratiquant l'aviron, et on explore les quelques hauts lieux de l'histoire du mythique couple Kennedy.

Départ Book Hill

Arrivée Georgetown Waterfront Park

Distance 1,6 km

Metro Circulator Georgetown Union Station

❶ Les antiquités de Book Hill

Book Hill a un petit air de Paris, avec ses galeries d'art, ses boutiques de décoration d'intérieur et ses magasins d'antiquités dévalant Wisconsin Ave, à la hauteur des n°s 1600 (entre Q St et R St NW).

❷ Un croissant de chez Poupon

Les femmes du grand monde savent où se ressourcer après une séance de shopping. Rejoignez-les à la **pâtisserie Poupon** (www.patisseriepoupon.net ; 1645 Wisconsin Ave NW ; viennoiseries 3-5 $; 8h-17h mar-sam, 8h-16h dim ; Circulator) pour déguster un croissant aux amandes et un café.

❸ Martin's Tavern façon Kennedy

C'est dans le box n°3 de la **Martin's Tavern** (www.martinstavern.com ; 1264 Wisconsin Ave NW ; plats 18-32 $; 11h-1h30 lun-jeu, 11h-2h30 ven, 9h-2h30 sam, 8h-1h30 dim ; Circulator), la plus ancienne taverne de Georgetown, que John F. Kennedy demanda Jackie en mariage. L'endroit reste l'une des adresses préférées des étudiants et des sénateurs, qui apprécient son ambiance chaleureuse.

❹ L'architecture de N Street

N St est bordée d'arbres et de maisons mitoyennes de style typiquement fédéral. Vous pourrez acquérir l'un de ces joyaux historiques moyennant 1 million de dollars. John et Jackie Kennedy vécurent au 3307 N St.

❺ Un verre aux Tombs

Si le cadre des **Tombs** (www.tombs.com ; 1226 36th St NW ; 11h30-1h lun-mar, 11h30-2h mer-jeu, 11h30-3h ven-sam, 10h-1h dim ; Circulator) vous est familier, c'est que vous avez vu *St Elmo's Fire*, le film de Joel Schumacher. Aujourd'hui, ce douillet pub en sous-sol est prisé des étudiants de Georgetown et des enseignants.

❻ Shopping dans M Street

C'est dans M St, l'artère principale de Georgetown, que la jeunesse branchée vient faire son shopping. Les magasins de marque côtoient les dépôts-ventes de créateurs.

❼ Pause régénératrice au Baked & Wired

Un coup de fatigue ? Direction le **Baked & Wired** (www.bakedandwired.com ; 1052 Thomas Jefferson St NW ; viennoiseries 3-6 $; 8h-16h dim-ven, 8h-18h sam ; Circulator), qui sert de merveilleux cafés et d'énormes cupcakes.

❽ Flânerie au parc

Le **Georgetown Waterfront Park** (www.georgetownwaterfrontpark.org ; Water St NW, entre 30th St et Key Bridge ; Circulator) est prisé des couples d'amoureux, des familles et des propriétaires de yacht. Les bancs permettent de s'asseoir pour observer les équipages ramant sur le Potomac.

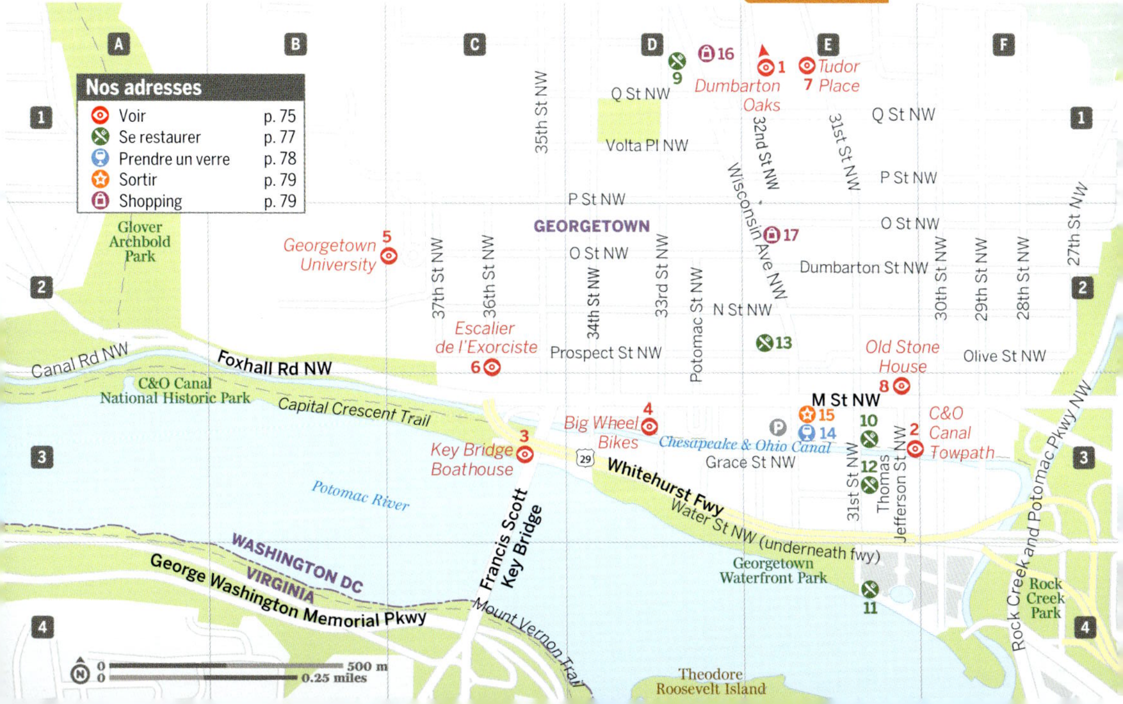
Nos adresses
Voir p. 75
Se restaurer p. 77
Prendre un verre p. 78
Sortir p. 79
Shopping p. 79
A
B
C
D
E
F
1
2
3
4
Glover Archbold Park
Georgetown University 5
Escalier de l'Exorciste 6
Dumbarton Oaks 1
Tudor Place 7
9
16
17
13
Old Stone House 8
M St NW
15
14
10
12
C&O Canal Towpath 2
Big Wheel Bikes 4
Key Bridge Boathouse 3
Chesapeake & Ohio Canal
GEORGETOWN
Q St NW
Volta Pl NW
P St NW
O St NW
N St NW
Dumbarton St NW
Prospect St NW
Olive St NW
Grace St NW
35th St NW
37th St NW
36th St NW
34th St NW
33rd St NW
Potomac St NW
32nd St NW
31st St NW
30th St NW
29th St NW
28th St NW
27th St NW
Wisconsin Ave NW
Thomas Jefferson St NW
Canal Rd NW
Foxhall Rd NW
C&O Canal National Historic Park
Capital Crescent Trail
29
Whitehurst Fwy
Water St NW (underneath fwy)
Georgetown Waterfront Park
11
Potomac River
Francis Scott Key Bridge
Mount Vernon Trail
WASHINGTON DC
VIRGINIA
George Washington Memorial Pkwy
Rock Creek and Potomac Pkwy NW
Rock Creek Park
Theodore Roosevelt Island
0 500 m
0 0.25 miles

Voir

Dumbarton Oaks

JARDINS, MUSÉE

1 PLAN P. 74, D1

Semblant tout droit sortis d'un livre, ces 4 ha de jardins ne laisseront personne insensible. Au printemps, les cerisiers en fleur sont éblouissants. Le manoir mérite aussi la visite pour ses collections d'art byzantin et précolombien (sans oublier *La Visitation* du Greco) ainsi que ses livres rares. (202-339-6401 ; www.doaks.org ; 1703 32nd St NW ; musée gratuit, jardins 7 $; musée 11h30-17h30 mar-dim, jardins 14h-18h mi-mars à oct, 15h-17h mar-dim le reste de l'année ; Circulator)

Chemin de halage du C&O Canal

BALADE

2 PLAN P. 74, E3

Ce sentier pédestre et cyclable – qui fait partie d'un parc national historique – longe un canal construit au début du XIXe siècle pour acheminer des marchandises jusqu'en Virginie-Occidentale. Au moment de notre passage, le canal et ses environs étaient en cours de restauration. Lorsque les travaux seront finis, on pourra embarquer depuis Jefferson St pour une ravissante escapade dans la verdure, à l'écart de la foule. (www.nps.gov/choh ; 1057 Jefferson St NW ; Circulator)

Dumbarton Oaks House et ses jardins

Key Bridge Boathouse KAYAK

3 PLAN P. 74, C3

Situé sous Key Bridge, cet établissement loue des canoës, des kayaks et des paddleboards (à partir de 18 $/h). En été, il propose aussi des excursions guidées en kayak de 90 min (45 $/pers) qui passent devant le Lincoln Memorial au coucher du soleil. À vélo, la Boathouse n'est qu'à quelques minutes du Capital Crescent Trail. (202-337-9642 ; www.boatingindc.com/boathouses/key-bridge-boathouse ; 3500 Water St NW ; horaires variables mi-avr à oct ; Circulator)

Big Wheel Bikes LOCATION DE VÉLOS

4 PLAN P. 74, C3

Big Wheel propose une large gamme de vélos. Depuis la boutique, on peut rallier facilement le C&O Canal. Le personnel pourra vous renseigner sur le **Capital Crescent Trail** (www.cctrail.org ; Water St) et le Mount Vernon Trail, à proximité. Durée de location minimum : 3 heures. Il est possible de garder son vélo le lendemain moyennant 10 $. (202-337-0254 ; www.bigwheelbikes.com ; 1034 33rd St NW ; 3 heures/journée 21/35 $; 11h-19h mar-ven, 10h-18h sam-dim ; Circulator)

Georgetown University UNIVERSITÉ

5 PLAN P. 74, B2

Georgetown est l'une des universités les plus prestigieuses du pays, dont la population étudiante semble aussi studieuse... que fêtarde ! Fondée en 1789, ce fut la première université catholique d'Amérique. Parmi ses étudiants célèbres : Bill Clinton, ainsi que de nombreuses têtes couronnées et dirigeants du monde entier. Healy Hall, près de l'entrée est, impressionne avec sa tour-horloge évoquant Poudlard. Juste derrière se cachent la charmante Dalghren Chapel et une cour paisible. (202-687-0100 ; www.georgetown.edu ; angle 37th St et O St NW ; Circulator)

L'escalier de L'Exorciste LIEU DE TOURNAGE

6 PLAN P. 74, C3

Si l'escalier pentu qui descend vers M St est bien connu des joggeurs, il l'est aussi des cinéphiles – c'est là qu'échoue le corps possédé du père Karras dans le célébrissime film d'horreur *L'Exorciste* (1973). Allez-y la nuit, quand le brouillard enveloppant les marches en pierre donne la chair de poule. (3600 Prospect St NW ; Circulator)

Tudor Place MUSÉE

7 PLAN P. 74, D1

Jadis propriété de Martha Custis Peter, petite-fille de Martha Washington, cette demeure néoclassique datant de 1816 abrite un petit musée présentant des meubles et des œuvres d'art de Mount Vernon, offrant ainsi un bel aperçu des arts décoratifs américains. Les majestueux jardins de 2 ha sont plantés de rosiers, de lis, de peupliers et de palmiers exotiques. (202-965-0400 ; www.tudorplace.org ; 1644 31st St NW ;

visite de la maison 1 heure don suggéré 10 $; 10h-16h mar-sam, 12h-16h dim, fermé jan ; Circulator)

Old Stone House BÂTIMENT

8 PLAN P. 74, E3

Construit en 1765, le plus ancien bâtiment de la capitale a tour à tour fait office de taverne, de maison de passe et de pension (parfois les trois à la fois). Aujourd'hui, c'est un petit musée consacré à l'époque de la Révolution américaine. Le beau petit jardin à l'arrière mérite le coup d'œil. (www.nps.gov/olst ; 3051 M St NW ; gratuit ; 11h-18h ; Circulator)

Dumbarton Oaks Park

À côté des jardins de Dumbarton Oaks, le **Dumbarton Oaks Park** (www.dopark.org ; Lovers' Lane ; lever-coucher du soleil ; Circulator) est aujourd'hui un joli parc public prisé des joggeurs et des propriétaires de chiens. On accède par Lovers' Lane (sentier pavé de 60 m, à l'est du croisement entre R St et 31st St) à ses sentiers forestiers, ses ponts en pierre, ses minicascades et ses prairies peuplées de biches.

Se restaurer

Simply Banh Mi VIETNAMIEN $

9 PLAN P. 74, D1

Le petit espace en sous-sol n'a rien d'exceptionnel, et la carte se borne aux sandwichs et au *bubble tea*. Mais les propriétaires, frère et sœur, ont un talent indéniable pour garnir une baguette croustillante de porc ou autre viande (ou de tofu) à la citronnelle. Ils sont très attentifs à la qualité des produits et aux besoins de leurs clients (vegan, intolérants au gluten, etc.). (202-333-5726 ; www.simplybanhmidc.com ; 1624 Wisconsin Ave NW ; plats 7-10 $; 16h-21h lun, 11h-21h mar-ven et dim, 11h-16h sam ; ; Circulator)

Il Canale ITALIEN $$

10 PLAN P. 74, E3

De vraies pizzas napolitaines cuites au feu de bois, très simples et bon marché, voilà pourquoi les familles adorent cette adresse. Tout comme les couples et les groupes d'amis qui viennent s'y régaler à toute heure. Les calamars, les lasagnes, les pâtes et les cannoli aussi sont vraiment succulents. (202-337-4444 ; www.ilcanale.com ; 1063 31st St NW ; plats 23-32 $; 11h30-22h30 lun-jeu, 11h-23h ven et sam, 11h-22h dim ; Circulator)

Fiola Mare POISSON ET FRUITS DE MER $$$

11 PLAN P. 74, E4

Le Fiola Mare fait venir tous les jours du poisson frais de pays aussi éloignés que la Tasmanie ! La vue sur le fleuve est plus qu'appréciable et c'est d'ailleurs l'une des adresses prisées de Washington. En semaine, à l'heure du déjeuner, on peut manger au bar un plat principal et une boisson pour 24 $ seulement.

Réservation conseillée. (📞202-359-4982 ; www.fiolamaredc.com ; 3050 K St NW ; plats 28-50 $; ⏰17h-22h lun, 11h30-14h30 et 17-22h mar-ven, 11h30-14h et 17-22h30 sam, 11h-14h et 17-22h dim ; 🚌Circulator)

Chez Billy Sud

FRANÇAIS $$$

12 🍴 PLAN P. 74, E3

Ce petit bistrot discret dans une rue résidentielle est à la fois chic et décontracté. Côté déco : murs verts, miroirs dorés et marbre. Sur les tables recouvertes de nappes blanches, les serveurs apportent des petits pains chauds, de succulents saucissons aux pistaches, des truites, des salades niçoises et des choux à la crème. (📞202-965-2606 ; www.chezbillysud.com ; 1039 31st St NW ; plats 16-42 $; ⏰17h-21h mer-jeu et dim, 17h-22h ven-sam; 🚌Circulator)

Cafe Milano

ITALIEN $$$

13 🍴 PLAN P. 74, D2

Avec ses spécialités du nord de l'Italie et son ambiance sélect, le Milano attire les pointures politiques, les célébrités et les amoureux de Georgetown. Les pâtes recueillent toutes les louanges. (📞202-333-6183 ; www.cafemilano.com ; 3251 Prospect St NW ; plats 25-45 $; ⏰11h30-22h30 dim-mer, 11h30-23h30 jeu-sam ; 🚌Circulator)

Prendre un verre

Ching Ching Cha

SALON DE THÉ $$

14 🍷 PLAN P. 74, D3

Ce grand salon de thé au cadre zen semble bien loin de la chaotique

Fiola Mare (P. 74)

M St. Offrez-vous une pause autour d'un thé rare (plus de 70 variétés), de raviolis chinois, d'une tarte à la noix de coco ou encore d'un "repas au thé" (3 plats), dont les petites assiettes peuvent contenir courge verte ou saumon au miso. (☎ 202-333-8288 ; www.chingchingcha.com ; 1063 Wisconsin Ave NW ; 11h-19h jeu-mar ; Circulator)

Sortir

Blues Alley

JAZZ

15 PLAN P. 74, D3

Dizzy Gillespie et Sarah Vaughan se sont produits dans ce vénérable club. La programmation y est toujours excellente, et le cadre n'a rien perdu de sa sophistication. Réservez en cas de star à l'affiche. Entrée par la ruelle à deux pas de M St, au sud de Wisconsin Ave. Lorsque l'on s'assoit, on est tenu de dépenser 12 $ minimum en nourriture et/ou boissons. (☎ 202-337-4141 ; www.bluesalley.com ; 1073 Wisconsin Ave NW ; tickets à partir de 15 $; concerts 20h et 22h ; Circulator)

Shopping

Oliver Dunn, Moss & Co

ANTIQUITÉS

16 PLAN P. 74, D1

Ce nom à rallonge s'explique par le fait qu'il s'agit de deux commerces sous un seul et même toit. Occupant une jolie petite maison en plein Book Hill (le quartier des antiquaires de Georgetown), l'endroit déborde de beaux tissus, notamment scandinaves, d'enseignes françaises et de décorations de jardin. Le tout dans six pièces successives jusqu'à la cour arrière. (☎ 202-338-7410 ; 1657 Wisconsin Ave NW ; 11h-17h mar-sam ; Circulator)

Grace Street Coffee

Le petit **Grace Street Coffee** (☎ 202- 470-1331 ; www.gracestcoffee.com ; 3210 Grace St NW ; 8h-18h lun-jeu, 8h-19h ven-sam, 8h-17h dim ; Circulator) torréfie lui-même son café et fabrique ses propres sirops, pour de succulentes boissons à base de café. Il partage un mini *food hall* avec un bar à jus de fruits et une excellente sandwicherie (Sundevich, dont les spécialités ont des noms de villes du monde, comme le Lima, à l'avocat et au poulet, ou le Paris, au jambon-fromage). Fréquenté par une clientèle locale et tendance.

Tugooh Toys

JOUETS

17 PLAN P. 74, D2

Cette caverne merveilleuse (et tendance) renferme de superbes jouets en bois à la fois vintage et modernes. Les étagères croulent également sous les objets respectueux de l'environnement (comme des peluches en coton bio de haute qualité) et les jeux éducatifs. (☎ 202-338-9476 ; www.tugoohtoys.com ; 1355 Wisconsin Ave NW ; 10h-18h ; Circulator)

Explorer

Capitol Hill

Le cœur géographique et législatif de la ville déroute souvent les visiteurs qui y voient plus un quartier résidentiel qu'un bastion politique. C'est là que se trouvent certains sites incontournables comme le Capitole ou le United States Holocaust Memorial Museum, mais les belles librairies et les pubs ne manquent pas. Les rues autour d'Eastern Market et de H St NE sont les préférées des habitants pour les restaurants et sortir le soir.

Notre sélection

- ***Le Capitole (p. 82)*** *Comptez les statues, admirez les fresques, visitez les chambres où siègent les parlementaires et goûtez la fameuse soupe de haricots.*
- ***United States Holocaust Memorial Museum (p. 84)*** *Explorez le meilleur et le pire de la nature humaine.*
- ***Library of Congress (p. 90)*** *Extasiez-vous devant le nombre de volumes que recèle cette bibliothèque, puis admirez des cartes et des dessins satiriques anciens.*
- ***Supreme Court (p. 90)*** *Assistez aux débats et voyez les juges de la Cour suprême à pied d'œuvre.*

Comment y aller et circuler

M Métro Union Station (ligne rouge), Capitol South et Eastern Market (lignes orange, argent et bleue) et Navy Yard (ligne verte) sont les principales stations.

Tramway La nouvelle ligne gratuite de DC remonte H St depuis Union Station jusqu'à 15th St. Vous pourrez la prendre derrière Union Station (suivez les panneaux "streetcar" dans le terminal, après les bus).

Plan du quartier p. 88

Le Capitole (p. 82) S-F/SHUTTERSTOCK ©

Les incontournables

Le Capitole

Le Capitole, sans doute le bâtiment le plus emblématique des États-Unis, est l'endroit où le Congrès – la branche législative de l'État américain – légifère. George Washington posa la première pierre du Capitole en 1793 ; les Britanniques l'incendièrent en 1814, avant qu'il ne resurgisse un demi-siècle plus tard avec son vertigineux dôme en fonte de 4 000 tonnes.

PLAN P. 88, D3

www.visitthecapitol.gov

1st St NE et E Capitol St

Gratuit

8h30-15h30 lun-ven

M Lignes orange, argent et bleue, arrêt Capitol South

Centre d'information et visites

Situé sous l'East Plaza, le centre d'information des visiteurs du Capitole est le point de départ des visites guidées. Un billet est nécessaire, même si les visites sont gratuites. On peut s'en procurer un au guichet d'information ou en ligne (également gratuitement). La balade de 1h débute par un film un peu kitsch consacré au fonctionnement du gouvernement américain. Puis elle se poursuit dans les diverses salles, somptueuses, du bâtiment.

La rotonde

Pièce centrale du Capitole, la splendide rotonde (sous le dôme) fait 29 m de diamètre pour 54 m de haut. La frise de l'Italo-Américain Constantino Brumidi, qui en fait le tour, illustre plus de 400 ans de l'histoire des États-Unis. Observez attentivement l'oculus pour admirer l'*Apothéose de Washington*, une fresque allégorique du même Constantino Brumidi.

Les statues

Le Capitole abrite des sculptures d'Américains célèbres, à raison de deux hommes par État. Nombre d'entre elles se trouvent dans le Hall of Statues. Vous reconnaîtrez très certainement George Washington (Virginie) ou encore Ronald Reagan (Californie), mais pas forcément Uriah Milton Rose (Arkansas). Faites également un détour par l'Exhibition Hall pour découvrir le modèle en plâtre de la *Statue of Freedom* qui coiffe la coupole.

Les fanfares militaires

De juin à août, les fanfares des armées de terre et de l'air, de la Navy et des Marines se produisent à tour de rôle sur les marches du Capitole. Guettez-les à 20h en semaine (sauf le jeudi), devant la façade ouest du bâtiment.

★ À savoir

- De mars à août, il est préférable de réserver en ligne (gratuit).
- Il est interdit d'apporter à boire ou à manger à l'intérieur du bâtiment.
- Plusieurs applications gratuites fournissent toutes sortes de détails sur le Capitole. Elles sont téléchargeables sur www.visitthecapitol.gov/apps.
- Un souterrain relie le Capitole à la bibliothèque du Congrès et à la Cour suprême.

✕ Une petite faim ?

Jimmy T's (501 E Capitol St SE ; plats 6-10 $; ⏱6h30-15h mer-ven, 6h30-16h mer, 8h-15h sam-dim Ⓜ Lignes orange, argent et bleue, arrêt Eastern Market) est un diner à l'ancienne où l'on vient pour un café ou une omelette. Espèces uniquement.

À proximité, Good Stuff Eatery (p. 92) sert des burgers gastronomiques et des milk-shakes.

Les incontournables

United States Holocaust Memorial Museum

Un musée bouleversant, à voir absolument pour mieux comprendre l'Holocauste. Le visiteur reçoit la carte d'identité d'une victime, dont le parcours est dévoilé au fil d'une plongée dans un passé jalonné par les ghettos, les wagons et les camps de la mort. Le musée illustre aussi les risques encourus par de nombreux citoyens pour venir en aide aux persécutés.

PLAN P. 88, A3

www.ushmm.org

100 Raoul Wallenberg Pl SW

Gratuit

10h-17h30

Circulator, M Lignes orange, argent et bleue, arrêt Smithsonian

Hall of Witness et verrière

Ce bâtiment extraordinaire a été conçu par l'architecte James Ingo Freed en 1993. L'austère façade comme l'intérieur de verre et d'acier font directement écho aux camps de la mort. En entrant dans le Hall of Witness, levez les yeux vers la verrière. Pour de nombreux survivants, elle évoque le ciel au-dessus des camps – l'unique chose qui échappait au contrôle des nazis...

L'offensive nazie

L'exposition permanente décline l'Holocauste de manière chronologique sur trois niveaux. Elle débute au 3e étage avec "l'offensive nazie", qui couvre la période 1933-1939. Découvrez Hitler et Goebbels dans des films de propagande et voyez comment le IIIe Reich usait des technologies modernes comme le cinéma pour convaincre les citoyens influençables.

La solution finale et le dernier chapitre

Le 2e étage est consacré à la "solution finale" (1940-1945). On y voit notamment un wagon utilisé pour acheminer la population jusqu'aux camps, un lit en bois provenant d'Auschwitz et une maquette du Crématoire II. Le 1er étage a été baptisé "dernier chapitre". On peu y voir des films d'époque montrant la libération des camps ainsi que des vidéos mettant en lumière le témoignage des survivants.

Hall of Remembrance et Wexner Center

L'exposition permanente se termine par le Hall of Remembrance (salle du Souvenir), où chaque visiteur peut allumer une bougie et est invité à la méditation. Au même niveau, le Wexner Center propose des expositions sur d'autres génocides perpétrés dans le monde.

★ À savoir

- Un pass est requis pour accéder à l'exposition permanente. Disponible au guichet du rez-de-chaussée, il permet d'accéder au musée le jour même, à un horaire précis. Arrivez de bonne heure, car c'est vite complet.
- Mieux encore, réservez votre billet via le site Internet du musée (moyennant 1 $).
- Pour les enfants de moins de 11 ans, une installation moins choquante, "Remember the Children : Daniel's Story", se trouve au 1er étage.

✕ Une petite faim ?

Pour un festin à base de crabes bleus et de soupe de poisson, direction Maine Avenue Fish Market (p. 92), à un peu plus de 1 km au sud-est du musée.

Ou prenez le métro jusqu'à Eastern Market (p. 87), où vous pourrez vous concocter un excellent pique-nique.

Promenade à pied

Journée capitale à Capitol Hill

Si vous habitiez dans l'une des brownstones (les maisons en grès rouge) du quartier, votre quotidien pourrait ressembler à cela : petit-déjeuner dans un bar, pause dans une librairie ou marché aux puces, achat de fruits de mer à l'Eastern Market, puis un verre entre amis au parc, avec vue sur le fleuve évidemment. Le tout sans oublier de saluer vos voisins d'un geste de la main.

Départ Tune Inn

Arrivée Yards Park

Distance 2.4 km

Metro Orange, Silver, Blue Line to Eastern Market

❶ Le Tune Inn

Le **Tune Inn** (331 Pennsylvania Ave SE ; 11h-22h lun-mar, 11h-minuit mer-sam, 10h-22h dim ; Capitol South ou Eastern Market) existe depuis des décennies. La tête de cerf empaillée et le lustre en bois (de cerf) donnent le ton, comme les box en simili cuir ou les petits-déjeuners servis en continu.

❷ Capitol Hill Books

La labyrinthique librairie **Capitol Hill Books** (www.capitolhillbooks-dc.com ; 657 C St SE ; 11h30-18h lun-ven, 9h-18h sam-dim ; M Lignes orange, argent et bleue, arrêt Eastern Market) renferme tellement de volumes d'occasion qu'ils sont rangés en double file sur les étagères. Parquet grinçant et musique classique pour l'ambiance sonore.

❸ Eastern Market

L'**Eastern Market** (www.easternmarket-dc.org ; 225 7th St SE ; 8h-18h mar-sam, 8h-17h dim ; M Lignes orange, argent et bleue, arrêt Eastern Market) est le véritable cœur de Capitol Hill. Le week-end, les stands débordent des arcades couvertes.

❹ Marché aux puces

Le **Flea Market** (www.easternmarket.net ; 7th St SE, entre C St et Penn Ave ; 9h-16h sam-dim ; M Lignes orange, argent et bleue, arrêt Eastern Market) s'installe le week-end dans la rue adjacente à l'Eastern Market. On y trouve œuvres d'art, objets anciens, meubles, cartes, vêtements, etc.

❺ Street art à la Fridge

La **Fridge** (516 ½ 8th St SE, ruelle à l'arrière ; gratuit ; 13h-19h jeu-ven, 12h-19h sam, 12h-17h dim ; M Lignes orange, argent et bleue, arrêt Eastern Market), galerie spécialisée dans le *street art*, n'est pas facile à trouver. Suivez les fresques jusqu'à la ruelle près du vendeur d'huîtres de 8th St.

❻ Entre amis à l'Ambar

L'**Ambar** (www.ambarrestaurant.com ; 523 8th St SE ; petites assiettes 7-13 $; 12h-15h et 16h-22h lun-ven, 10h-23h sam, 10h-22h dim ; M Lignes orange, argent et bleue jusqu'à Eastern Market) est très animé lors de l'*happy hour* durant laquelle on se jette sur les *small plates*. Au menu : poivrons et aubergines grillés, salami d'agneau, moules au brandy... et des plats des Balkans à partager.

❼ Dîner au Rose's Luxury

Les habitants craquent pour le style chic et décontracté du **Rose's Luxury** (www.rosesluxury.com ; 717 8th St SE ; menu 85 $; 17h30-21h45 mar-sam ; M Lignes orange, argent et bleue, arrêt Eastern Market). La carte d'une dizaine de plats varie régulièrement.

❽ Vue sur le fleuve au Yards Park

Le **Yards Park** (www.capitolriverfront.org/yards-park ; 355 Water St SE ; 8h-22h ; M Ligne verte, arrêt Navy Yard) offre une vue splendide sur le fleuve. La promenade en bois et la petite piscine naturelle sont très prisées des familles les soirs d'été.

Nos adresses

Les incontournables	p. 82
Voir	p. 90
Se restaurer	p. 91
Prendre un verre	p. 92
Sortir	p. 95

E
F
G
H
1
2
3
4
5
6
Gallaudet University
M St NE
West Virginia Ave NE
Queen St NE
Trinidad Ave NE
Oates St NE
Neal St NE
Holbrook St NE
Bladensburg Rd NE
Florida Ave NE
1st St NE
4th St NE
5th St NE
L St NE
K St NE
I St NE
H St NE
12
7
14
8
Maryland Ave NE
I St NE
H St NE
Benning Rd NE
G St NE
6th St NE
7th St NE
8th St NE
F St NE
Gales St NE
Union Station Plaza
2nd St NE
E St NE
Maryland Ave NE
11th St NE
12th St NE
13th St NE
Tennessee Ave NE
15th St NE
F St NE
E St NE
D St NE
16th St NE
D St NE
C St NE
Stanton Park
C St NE
Russell Senate Office Building
Supreme Court
CAPITOL HILL
Massachusetts Ave NE
Constitution Ave NE
North Carolina Ave NE
18th St NE
19th St NE
2
1
1st St SE
2nd St SE
3rd St SE
4th St SE
A St NE
E Capitol St
Lincoln Park
13th St SE
E Capitol St
A St NE
A St SE
A St SE
Library of Congress
North Carolina Ave SE
11th St SE
Massachusetts Ave SE
Independence Ave SE
11
Seward Square
C St SE
C St SE
Stadium Armory
Capitol South
2nd St SE
D St SE
E St SE
Eastern Market
South Carolina Ave SE
D St SE
Kentucky Ave SE
13th St SE
15th St SE
C St SE
16th St SE
17th St SE
19th St SE
F St SE
6th St SE
7th St SE
8th St SE
10
E St SE
G St SE
Pennsylvania Ave SE
Potomac Ave
Potomac Ave SE
Congressional Cemetery
Southeast Fwy
9
US Marine Corps Barracks
H St SE
New Jersey Ave SE
2nd St SE
I St SE
K St SE
L St SE
5th St SE
Virginia Ave SE
I St SE
Potomac Ave SE
K St SE
L St SE
John Phillip Sousa Bridge
M St SE
Navy Yard
13
Tingey St SE
Parsons Ave SE
10th St SE
11th St SE
Water St SE
Anacostia River
Washington Navy Yard
Yards Park
Anacostia Park
Anacostia Dr
11th St Bridge
Anacostia Fwy
ANACOSTIA

Voir

Library of Congress BIBLIOTHÈQUE

1 PLAN P. 88, E3

La plus grande bibliothèque du monde (164 millions de livres, manuscrits, films cartes, photos et autres documents) impressionne autant par ses dimensions que par son architecture. Le Jefferson Building (1897) est la pièce maîtresse. Admirez les vitraux, marbres et mosaïques du Great Hall, puis allez voir la bible de Gutenberg (v. 1455), la bibliothèque circulaire de Jefferson et la terrasse panoramique de la salle de lecture. Des visites gratuites du bâtiment ont lieu toutes les heures à la demie entre 10h30 et 15h30. (202-707-5000 ; www.loc.gov ; 1st St SE ; gratuit ; 10h-17h mar-sam ; M Lignes orange, argent et bleue, arrêt Capitol South)

Supreme Court SITE D'INTÉRÊT

2 PLAN P. 88, E3

La plus haute juridiction du pays siège dans un temple de style grec de cinq étages, protégée par de lourdes portes en bronze (6 tonnes). Arrivez tôt pour assister aux séances (lun-mer oct-avr) ou aux conférences (toutes les heures, à la demie) dans la salle d'audience. Vous pouvez visiter toute l'année les expositions permanentes, ainsi que l'escalier hélicoïdal de cinq étages en marbre et bronze. En partant, assurez-vous de passer par les portes qui mènent au majestueux escalier à l'avant. (202-479-3030 ; www.supremecourt.gov ; 1 1st St NE ; gratuit ; 9h-16h30 lun-ven ; M Lignes orange, argent et bleue, arrêt Capitol South)

Bike & Roll LOCATION DE VÉLOS

3 PLAN P. 88, B4

Ce Bike & Roll est le plus proche du Mall. Outre la location de vélos (à partir de 16 $ pour 2 heures), des circuits guidés sont proposés. Ils durent 3 heures et passent par les principaux sites de Capitol Hill et du Mall. Les circuits du soir à destination des monuments sont très agréables. (202-842-2453 ; www.bikeandrolldc.com ; 955 L'Enfant Plaza SW ; circuit adulte/enfant 44/39 $; mi-mai à déc ; M Lignes orange, argent, jaune, verte et bleue, arrêt L'Enfant Plaza)

National Postal Museum MUSÉE

4 PLAN P. 88, D2

Géré par la Smithsonian, ce musée est beaucoup plus intéressant qu'on ne le suppose… Le niveau 1 présente des expositions sur l'histoire postale, où l'on peut voir d'anciens avions postaux et lire les lettres émouvantes écrites par des soldats et des pionniers. Le niveau 2 abrite la plus grande collection de timbres du monde. Joignez-vous aux fous de la philatélie, qui ouvrent des tiroirs pour photographier les timbres les plus rares du monde ou alors commencez votre propre collection en choisissant parmi les milliers de timbres gratuits du monde (Guyane, Congo, Cambodge…).

(202-633-5555 ; www.postalmuseum.si.edu ; 2 Massachusetts Ave NE ; gratuit ; 10h-17h30 ; M Ligne rouge, arrêt Union Station)

National Public Radio

SITE D'INTÉRÊT

5 PLAN P. 88, D3

Les fans de Morning Edition et d'All Things Considered peuvent visiter le siège écologique de la radio publique nationale. Des visites guidées d'une heure vous font découvrir la salle de presse et un studio de production high-tech. Les guides (en général d'anciens employés) régalent le public d'anecdotes. Réservation requise. La boutique vend des souvenirs chics tel le Nina Totin' Bag, un sac à l'effigie de Nina Totenberg, journaliste emblématique. (202-513-2000 ; tours.npr.org ; 1111 N Capitol St NE ; gratuit ; visites à 11h lun-ven ; M NoMa, ligne rouge)

Bureau of Engraving and Printing

SITE D'INTÉRÊT

6 PLAN P. 88, A3

C'est ici que les billets de banque du pays sont conçus et imprimés. Durant la visite guidée de 40 minutes, le visiteur aperçoit en contrebas les presses d'où sortent les dollars avant d'être découpés. À la saison haute (de mars à août), des billets d'entrée à heure fixe sont nécessaires. Arrivez tôt pour en obtenir un. Attention, la **billetterie** (Raoul Wallenberg Pl, à partir de 8h) est souvent dévalisée dès 10h. Au moment de nos recherches, l'établissement était fermé temporairement. Renseignez-vous avant votre visite. (202-874-2330 ; www.moneyfactory.gov ; angle 14th St et C St SW ; gratuit ; 9h-10h30, 12h30-15h30 et 17h-18h lun-ven mars-août, horaires réduits sept-fév ; M Lignes orange, argent et bleue, arrêt Smithsonian)

Se restaurer

Toki Underground

ASIATIQUE $

7 PLAN P. 88, G1

Nouilles *ramen* épicées et raviolis chinois sont à la carte de ce minuscule établissement. Impossible de réserver, donc prévoyez d'attendre. On vous préviendra par SMS, alors profitez-en pour explorer les bars du quartier. Le restaurant n'est pas indiqué : repérez l'enseigne du Pug, le Toki Underground est juste au-dessus. (202-388-3086 ; www.tokiunderground.com ; 1234 H St NE ; plats 13-15 $; 11h30-22h lun, 11h30-14h30 et 17h-22h mar-sam ; M Ligne rouge, arrêt Union Station puis tramway)

Ethiopic

ÉTHIOPIEN $$

8 PLAN P. 88, E1

Dans une ville qui ne manque pas de restaurants éthiopiens, l'Ethiopic sort du lot. Mention spéciale aux *wats* (ragoûts) et aux emblématiques *tibs* (viande sautée et légumes) dont la tendre chair de veau a mariné dans un bain d'herbes et d'épices. Les végétaliens sont aussi gâtés. (202-675-2066 ;

Maine Avenue Fish Market

Lieu emblématique du quartier, le **Maine Avenue Fish Market** (1100 Maine Ave SW ; plats 7-13 $; 8h-21h ; M Lignes orange, argent, bleue, jaune et verte, arrêt L'Enfant Plaza) est un marché au poisson et aux fruits de mer à ciel ouvert. Des vendeurs pragmatiques y proposent des créatures si fraîches qu'on jurerait qu'elles remuent encore. Une fois découpé et vidé, frit ou grillé, emportez l'objet de votre désir sur un banc en bord de fleuve et savourez (gare aux mouettes !).

www.ethiopicrestaurant.com ; 401 H St NE ; plats 13-19 $; 17h-22h mar-jeu, 12h-22h ven-dim ; ; M Ligne rouge, arrêt Union Station)

Pineapple and Pearls

AMÉRICAIN **$$$**

9 PLAN P. 88, F4

Un excellent restaurant étoilé au Michelin, avec un menu dégustation de 13 plats. (202-595-7375 ; www.pineappleandpearls.com ; 715 8th St SE ; menu dégustation 13 plats 180-280 $; 17h et 20h15 mar-sam ; M Lignes orange, argent et bleue, arrêt Eastern Market)

Ted's Bulletin

AMÉRICAIN **$$**

10 PLAN P. 88, F4

Installez-vous confortablement dans l'un des box de ce *diner* au style Art déco. Au menu : biscuits à la bière recouverts de sauce au jus de viande (petit-déjeuner) et autres interprétations branchées de spécialités du terroir. Petit-déjeuner servi en continu. (202-544-8337 ; www.tedsbulletincapitolhill.com ; 505 8th St SE ; plats 11-19 $; 7h-22h dim-jeu, 7h-23h ven-sam ; M Lignes orange, argent et bleue, arrêt Eastern Market)

Good Stuff Eatery

BURGERS **$**

11 PLAN P. 88, E3

Cet établissement est prisé pour ses burgers et ses milk-shakes. Condimentez vos frites au "dipping bar" et appréciez toute l'authenticité d'un milk-shake au marshmallow grillé. L'ambiance est celle d'un fast-food et les places assises sont rares le week-end en soirée, lorsque la jeunesse de Capitol Hill envahit les lieux. (202-791-0168 ; www.goodstuffeatery.com ; 303 Pennsylvania Ave SE ; burgers 8-12 $; 12h-21h ; M Lignes orange, argent et bleue, arrêt Capitol South ou Eastern Market)

Prendre un verre

Copycat Co

BAR À COCKTAILS

12 PLAN P. 88, G1

Si le Copycat Co a des airs de fast-food chinois… c'est qu'il en est un, du moins au rez-de-chaussée, où sont vendus les incontournables snacks chinois. À l'étage, des cocktails originaux sont servis dans une atmosphère tamisée évoquant autant le speakeasy que le bar à opium. Le personnel est discret mais n'hésite pas à assister les novices dans leur découverte de la carte. (☎202-241-1952 ; www.copycatcompany.com ; 1110 H St NE ; 🕑17h-2h mer-jeu et dim, 17h-3h ven et sam ; M Ligne rouge arrêt Union Station, puis DC Streetcar)

Bluejacket Brewery

BRASSERIE

13 PLAN P. 88, E5

Ici, les amateurs de bière ne sauront plus où donner de la tête. Installez-vous au comptoir de style industriel, observez les cuves argentées dans lesquelles reposent les ambitieux breuvages, puis faites votre choix (cornélien) parmi les 25 pressions disponibles. Une petite dégustation (10 cl) vous aidera à vous décider. (☎202-524-4862 ; www.bluejacketdc.com ; 300 Tingey St SE ; 🕑11h-minuit lun-jeu, 11h-1h30 ven-sam, 11h-23h dim ; M Ligne verte, arrêt Navy Yard)

Granville Moore's

PUB

14 PLAN P. 88, G1

Une des meilleures adresses de toute la ville pour les *frites* et les sandwichs à la viande, ainsi qu'une impressionnante carte de bières belges. À l'intérieur, le mobilier en bois brut donne à l'ensemble une atmosphère médiévale. La cheminée est idéale pour les longues soirées d'hiver. (☎202-399-2546 ; www.granvillemoores.com ; 1238 H St NE ; 🕑17h-21h lun-jeu et dim, 17h-22h ven-sam ; M Ligne rouge, arrêt Union Station puis tramway)

Canard rôti au Pineapple and Pearls

Frederick Douglass : d'esclave à homme politique

Né Frederick Augustus Washington Bailey en 1818 dans une plantation de la côte est du Maryland, Frederick Douglass est connu comme l'un des leaders noirs américains les plus influents du XIXe siècle.

En 1838, à l'âge de 20 ans, il fuit les mauvais traitements des planteurs du Maryland pour s'installer à New Bedford (Massachusetts), avant de contribuer au *Liberator*, le journal de l'abolitionniste William Lloyd Garrison. Après sa fuite, il emprunte son nom à un personnage de *La Dame du lac*, de sir Walter Scott. Autodidacte, Douglass est un orateur né. En 1841, il gagne l'admiration des abolitionnistes de Nouvelle-Angleterre en improvisant un discours lors d'une convention sur l'esclavage : il se présente comme un "jeune diplômé de l'université de l'esclavage", muni de son "diplôme" (les marques de fouet sur son dos).

Militant et contrôleur de gare clandestine

Le talent de Douglass fait si bien enrager les esclavagistes que ses partisans le poussent à gagner l'Angleterre pour échapper à la loi sur les esclaves fugitifs. Il y demeure jusqu'à ce que ses admirateurs réunissent la somme suffisante (710,96 $) pour lui permettre de racheter sa liberté et de regagner l'Amérique, en 1847.

Douglass se proclame alors "chef de gare et contrôleur" de la gare clandestine de Rochester (New York), œuvrant avec d'autres abolitionnistes célèbres tels Harriet Tubman et John Brown. En 1860, il fait campagne pour Abraham Lincoln. Lorsque la guerre de Sécession éclate, il contribue à lever les 54e et 55e régiments du Massachusetts – deux régiments de soldats noirs – pour le compte de l'Union.

Leader d'après-guerre

Après la guerre de Sécession, Douglass rejoint Washington pour défendre les 13e, 14e et 15e amendements, qui abolissent l'esclavage, garantissent la nationalité américaine et accordent le droit de vote aux anciens esclaves. En 1895, Douglass s'éteint à Cedar Hill, sa maison d'Anacostia, au bord du fleuve éponyme.

Cette résidence haut perchée est depuis devenue le Frederick Douglass National Historic Site. Il est situé à 3 km au sud-est du Nationals Park.

Little Miss Whiskey's Golden Dollar

BAR

Imaginons qu'Alice, après avoir frôlé la décapitation au pays des merveilles, ait besoin d'un remontant. C'est certainement à la porte du Little Miss Whiskey's (voir 12 Plan P. 88 ; G1) qu'elle viendrait frapper. À coup sûr, elle adorerait la déco onirique et la drôle de terrasse à l'arrière. (www.littlemisswhiskeys.com ; 1104 H St NE ; 17h-2h dim-jeu, 17h-3h ven-sam ; M Ligne rouge, arrêt depuis Union Station puis tramway).

Sortir

Nationals Park

SPORT

15 PLAN P. 88, D5

L'équipe de base-ball des Washington Nationals évolue au Nationals Park, près du fleuve Anacostia. À la mi-temps de la quatrième manche, découvrez les "Racing Presidents", une folle course à pied de caricatures d'anciens présidents américains. Des bars et restaurants tendance entourent le terrain. (202-675-6287 ; www.mlb.com/nationals ; 1500 S Capitol St SE ; M Ligne verte arrêt Navy Yard)

Seventh Hill Pizza

Certes, ce ne sont que des pizzas, mais elles sont tellement délicieuses avec leur croûte fine, que **Seventh Hill Pizza** (202-544-1911 ; www.montmartredc.com/seventhhill ; 327 7th St SE ; pizzas 11-17 $; 11h30-14h30 et 17h-22h mar-ven, 11h30-22h sam, 12h-21h dim ; M Lignes orange, argent et bleue, arrêt Eastern Market) est une adresse réputée dans tout le quartier. Chaque pizza porte le nom d'une rue ou d'un parc local, comme la "Potomac Ave" au salami-roquette, ou la "Maryland Ave" à l'œuf, pesto et pecorino. Des vins français sont proposés en accompagnement.

ARCHIVES OF THE UNITED STATES OF
ENTRANCE
SPECIAL EVENTS
AND MEMBER
ENTRANCE
NATIONAL
ARCHIVES

Explorer

Downtown, Penn Quarter et Logan Circle

Animé jour et nuit, ce quartier regroupe plusieurs sites d'intérêt : les National Archives, où est conservée la Déclaration d'indépendance, le Reynolds Center for American Art and Portraiture et le Ford's Theatre, où fut assassiné Abraham Lincoln. Et de plus en plus de bars et restaurants branchés s'installent autour de Logan Circle.

Notre sélection

- ***National Archives (p. 98)*** *Découvrez les trois documents fondateurs de la nation : la Déclaration d'indépendance, la Constitution et le Bill of Rights.*
- ***Reynolds Center for American Art et Portraiture (p. 100)*** *Parcourez la plus grande collection d'art américain au monde, du portrait officiel de George Washington aux œuvres pop art d'Andy Warhol.*
- ***Ford's Theatre (p. 104)*** *Observez où était assis Abraham Lincoln quand il fut assassiné, et le pistolet utilisé.*
- ***National Building Museum (p. 104)*** *Admirez l'intérieur de ce superbe édifice conçu comme un palais de style Renaissance et imaginez les bals qui s'y tinrent.*

Comment y aller et circuler

M Métro Les 6 lignes de métro traversent le centre-ville. Les stations principales sont Metro Center (lignes rouge, argent, bleue et orange), Gallery Pl-Chinatown (lignes verte, jaune et rouge) et Mt Vernon Sq/7th St-Convention Center (lignes verte et jaune).

Plan du quartier p.102

National Archives (p. 98) JOHN M. CHASE/GETTY IMAGES ©

Les incontournables

National Archives

Certes, l'attente, au milieu d'une multitude de groupes scolaires, est interminable. Mais vous oublierez vite ce désagrément en pénétrant dans la rotonde et en découvrant les textes fondateurs de la nation américaine : les parchemins jaunis de la Déclaration d'indépendance, de la Constitution et du Bill of Rights (Déclaration des droits) portant les signatures de figures historiques comme John Hancock, Benjamin Franklin ou encore Thomas Jefferson.

PLAN P. 102, C7

www.archives.gov/museum

700 Pennsylvania Ave NW

Gratuit

10h-17h30

M Lignes verte et jaune, arrêt Archives-Navy Memorial

La Déclaration d'indépendance

Dans la rotonde, les documents phares sont exposés de gauche à droite dans l'ordre chronologique. Vous aurez peu de temps pour les observer car les gardiens vous demanderont d'avancer. Le premier est la Déclaration d'indépendance (1776), en assez bon état bien qu'ayant été souvent déplacé, notamment en Virginie durant la guerre de 1812, et à Fort Knox (Kentucky) pendant la Seconde Guerre mondiale.

La Constitution et le Bill of Rights

Le document suivant est la Constitution (1787). En 2 jours et pour 30 $, un certain Jacob Shallus en traça à la plume les 4 543 mots. Notez la faute d'orthographe (indice : regardez, dans la liste des signataires, le mot commençant par "p" et finissant par "sylvanie"). Le *Bill of Rights* (1789) se trouve dans la vitrine suivante.

Les Public Vaults

Après la rotonde, traversez le hall jusqu'aux Public Vaults pour voir des lettres manuscrites de George Washington, des télégrammes de guerre d'Abraham Lincoln, ou la demande de 62 ha de terres dans le territoire du Dakota déposée par Charles "Pa" Ingalls (héros de *La Petite Maison dans la prairie*), ainsi que des images tournées lors du Débarquement.

La Magna Carta

Un exemplaire de la Magna Carta (Grande Charte) daté de 1297 est exposé dans la salle Rubenstein. Le 5e amendement de la Constitution descend en droite ligne de ce texte qui défend les droits des individus face à un roi tyrannique. La Magna Carta inspira les pères fondateurs des États-Unis d'Amérique.

★ À savoir

- Au printemps et en été, les billets pris sur Internet (supplément de 1 $) permettent de passer par l'entrée de Constitution Dr (à droite des marches) au lieu d'emprunter l'entrée principale, où l'attente peut être longue.
- Entrez dans l'excellente boutique de souvenirs.
- La rotonde et les Public Vaults se trouvent à l'étage ; la Magna Carta et la boutique de souvenirs au rez-de-chaussée (après l'entrée).

Une petite faim ?

Offrez-vous un repas indien sophistiqué dans un cadre de style moderniste au Rasika (p. 107).

Les incontournables

Reynolds Center for American Art and Portraiture

Si vous ne devez visiter qu'un seul musée d'art à Washington, choisissez le Reynolds Center. Regroupant la National Portrait Gallery et l'American Art Museum, il conserve la plus belle collection d'art américain du monde, présentée sur trois étages de l'Office national des brevets, un petit joyau néoclassique du XIXe siècle où se tint le second bal inaugural de Lincoln.

PLAN P. 102, C6
202-633-1000
www.npg.si.edu
Angle 8th St et F St NW
Gratuit
11h30-19h
M Lignes jaune et verte, arrêt Gallery Pl-Chinatown

O'Keeffe, Hopper et art populaire

La section "American Experience" (rez-de-chaussée) abrite de célèbres toiles comme *Manhattan* de Georgia O'Keeffe et *Cape Cod Morning* d'Edward Hopper. À côté, la salle consacrée à l'art américain conserve des pièces saisissantes, notamment d'artistes afro-américains. Admirez la seule œuvre créée par l'acteur et réalisateur James Hampton, un trône en papier d'aluminium qui lui demanda 14 années de travail.

Portraits historiques

La salle "America's Presidents" (1er étage) rend hommage à 44 chefs d'État, avec notamment un portrait de George Washington par Gilbert Stuart et une photo d'Abraham Lincoln. Faites ensuite un tour dans la salle "American Origins" (rez-de-chaussée) pour admirer le portrait de Benjamin Franklin par le peintre français Joseph Duplessis, portrait repris sur les billets de 100 $.

Art moderne

Vous voulez voir des œuvres plus récentes ? Montez au 2e étage contempler le célèbre portrait de Marilyn Monroe par Andy Warhol, ainsi que des toiles de Roy Lichtenstein, Franz Kline et d'autres artistes modernes de premier plan. Le fluorescent *Electric Superhighway* de Nam June Paik vous en mettra plein la vue.

Luce Center

Installé aux 2e et 3e étages, le Luce Center fait office de réserve... ouverte au public. Les trésors sont nombreux : peintures, étagères pleines de sculptures, céramiques et autres objets d'art. Le Luce Center possède son propre guichet d'information, où l'on peut se procurer gratuitement un audioguide.

★ À savoir

- Vu ses horaires, le Reynolds Center peut se visiter en fin de journée.
- Ne manquez pas les excellentes expositions temporaires, parfois de grands noms de l'art.
- Demandez le dépliant *10 Highlights* qui recense les 10 œuvres phares du musée.
- De nombreuses manifestations gratuites sont proposées : visites guidées, concerts, conférences données par des artistes, cours de dessin. Consultez le site Internet.

Une petite faim ?

Avec son toit de verre, ses oliviers et ses bancs en marbre, la cour intérieure du musée est un havre de paix. Apportez un pique-nique ou allez chercher un sandwich au café (11h30-16h ; 9-13 $).

Matchbox Pizza (p. 108) se trouve à côté pour une pizza croustillante et une bière artisanale.

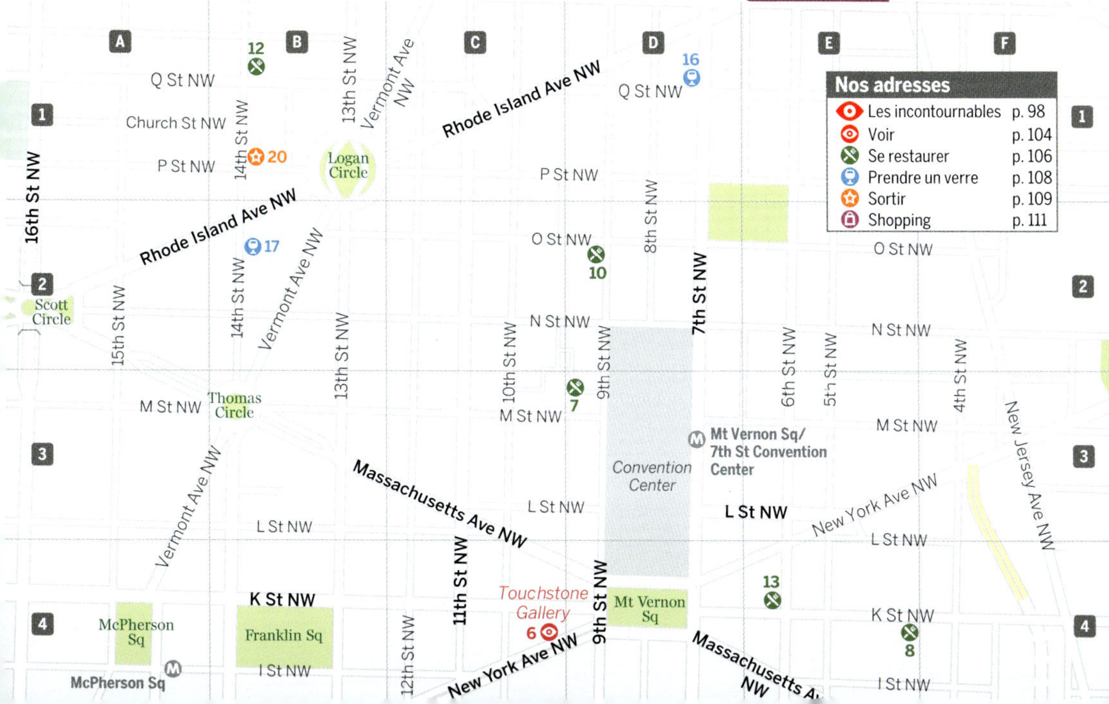
Nos adresses
Les incontournables p. 98
Voir p. 104
Se restaurer p. 106
Prendre un verre p. 108
Sortir p. 109
Shopping p. 111
A
B
C
D
E
F
1
2
3
4
16th St NW
Q St NW
Church St NW
P St NW
14th St NW
13th St NW
Vermont Ave NW
Logan Circle
Rhode Island Ave NW
Q St NW
P St NW
O St NW
8th St NW
7th St NW
O St NW
Scott Circle
15th St NW
14th St NW
Vermont Ave NW
13th St NW
N St NW
10th St NW
9th St NW
6th St NW
5th St NW
N St NW
4th St NW
M St NW
Thomas Circle
M St NW
M St NW
Mt Vernon Sq/ 7th St Convention Center
Convention Center
New Jersey Ave NW
Vermont Ave NW
Massachusetts Ave NW
L St NW
L St NW
L St NW
New York Ave NW
L St NW
K St NW
11th St NW
Touchstone Gallery
9th St NW
Mt Vernon Sq
K St NW
McPherson Sq
Franklin Sq
12th St NW
New York Ave NW
Massachusetts Ave NW
I St NW
I St NW
McPherson Sq
12
20
17
16
10
7
6
13
8

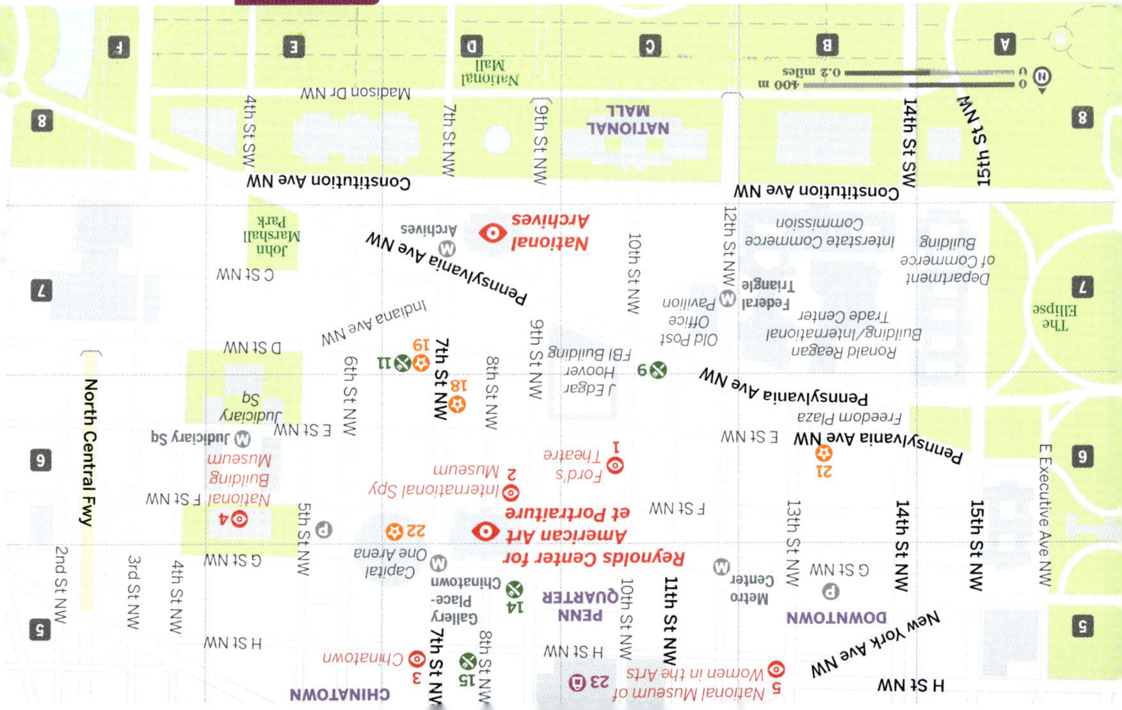
CHINATOWN
3 Chinatown
PENN QUARTER
DOWNTOWN
NATIONAL MALL
5 National Museum of Women in the Arts
23
15
14
Gallery Place-Chinatown
Capital One Arena
22
Reynolds Center for American Art et Portraiture
2 International Spy Museum
1 Ford's Theatre
4 National Building Museum
Judiciary Sq
Metro Center
21
Freedom Plaza
18
19
11
9
J Edgar Hoover FBI Building
Old Post Office Pavilion
Federal Triangle
Ronald Reagan Building/International Trade Center
Interstate Commerce Commission
Department of Commerce Building
National Archives
Archives
John Marshall Park
The Ellipse
National Mall
North Central Fwy
H St NW
G St NW
F St NW
E St NW
D St NW
C St NW
New York Ave NW
Pennsylvania Ave NW
Indiana Ave NW
Constitution Ave NW
Madison Dr NW
E Executive Ave NW
2nd St NW
3rd St NW
4th St NW
5th St NW
6th St NW
7th St NW
8th St NW
9th St NW
10th St NW
11th St NW
12th St NW
13th St NW
14th St NW
15th St NW
4th St SW
7th St NW
14th St SW
15th St NW
0 400 m
0 0.2 miles
A
B
C
D
E
F
5
6
7
8

Voir

Ford's Theatre
BÂTIMENT HISTORIQUE

1 PLAN P. 102, C6

Le 14 avril 1865, John Wilkes Booth assassina Abraham Lincoln dans une des loges de ce théâtre. Délivré pour un créneau horaire précis, le billet donne aussi accès au musée situé au sous-sol (où se trouve le Derringer calibre 44 de Booth, ses bottes boueuses, etc.) ainsi qu'à la Petersen House (de l'autre côté de la rue), où le président fut transporté et mourut. Venez tôt (vers 8h30) ou, pour être sûr d'entrer, réservez sur Internet (moyennant 5 $). (202-347-4833 ; www.fords.org ; 511 10th St NW ; gratuit ; 9h-17h ; M Lignes rouge, orange, argent et bleue, arrêt Metro Center)

International Spy Museum
MUSÉE

2 PLAN P. 102, C6

Comptant parmi les musées les plus fréquentés de Washington, le flamboyant "musée international de l'espion" se rend sans doute coupable de dévoiler publiquement des informations top secret... mais qui va s'en plaindre ? Si vous avez toujours rêvé de visiter le laboratoire de Q dans *James Bond*, vous allez être servi. Au programme : l'Aston Martin trafiquée de James Bond, le rouge à lèvres-pistolet du KGB et bien d'autres gadgets. Les enfants adorent, mais attention : les files d'attente sont longues et se forment très tôt. (202-393-7798 ; www.spymuseum.org ; 800 F St NW ; adulte/enfant 24/16 $; 9h-18h lun et dim, 10h-18h mar-ven, 9h-19h sam ; M Lignes rouge, jaune et verte, arrêt Gallery Pl-Chinatown)

Chinatown
QUARTIER

3 PLAN P. 102, D5

Le minuscule quartier chinois de Washington est blotti entre H St NW et 7th St. Si la plupart des Asiatiques de Washington vivent aujourd'hui à la périphérie, dans les États du Maryland et de la Virginie, la visite n'en reste pas moins intéressante. On accède au quartier par l'imposante **Friendship Arch** (7th St et H St NW). (7th St et H St NW ; M Lignes rouge, jaune et verte, arrêt Gallery Pl-Chinatown)

National Building Museum
MUSÉE

4 PLAN P. 102, E6

Ce musée dédié à l'architecture et à l'urbanisme occupe un splendide édifice de 1887 inspiré du palais Farnèse de Rome, de style Renaissance. Trois étages de balcons ornementés flanquent le spectaculaire atrium large de 96 m ; des colonnes corinthiennes dorées s'élèvent à 22 m de haut. On accède gratuitement au bâtiment, mais les expositions sont payantes. (202-272-2448 ; www.nbm.org ; 401 F St NW ; adulte/enfant 10/7 $; 11h-16h jeu-lun ; ; M Ligne rouge, arrêt Judiciary Sq)

National Museum of Women in the Arts

MUSÉE

5 PLAN P. 102, B5

Le seul musée du pays dédié exclusivement aux artistes féminines est installé dans une demeure de style néo-Renaissance. Sa collection, regroupant 2 600 œuvres réalisées par près de 700 femmes de 28 pays, couvre un éventail allant de peintres de la Renaissance comme Lavinia Fontana aux grands noms du XXe siècle comme Frida Kahlo, Georgia O'Keeffe et Helen Frankenthaler. Des panneaux explicatifs donnent un éclairage féministe aux différents mouvements artistiques. Gratuit le premier dimanche du mois. Au moment de nos recherches, le musée était fermé pour rénovation, la réouverture est prévue pour l'automne 2023. (202-783-5000 ; www.nmwa.org ; 1250 New York Ave NW ; adulte/enfant 10 $/gratuit ; 10h-17h lun-sam, 12h-17h dim ; M Lignes rouge, orange, argent et bleue, arrêt Metro Center)

Touchstone Gallery

GALERIE D'ART

6 PLAN P. 102, C4

Cette galerie expose des œuvres contemporaines (peintures, sculptures et parfois installations) créées par ses 45 artistes membres. Un lieu lumineux et accueillant qui garantit de surprenantes découvertes. (202-347-2787 ; www.touchstonegallery.com ; 901 New York Ave NW ; 12h-18h mer-dim ; M Lignes rouge, orange, argent et bleue, arrêt Metro Center)

Chinatown

Se restaurer

Dabney

AMÉRICAIN $$$

7 PLAN P. 102, C3

Le chef du Dabney, Jeremiah Langhorne, a étudié des livres de cuisine anciens pour ressusciter la cuisine mid-atlantic, oubliée depuis longtemps. Il y a découvert des recettes à base d'ingrédients locaux et des saveurs oubliées. La plupart de ses plats sont même cuits au-dessus d'un feu de bois. Ne vous attendez toutefois pas à goûter ce que mangeait George Washington : Jeremiah Langhorne a donné à tout cela une belle touche de modernité, qui lui a même valu une étoile au Michelin. (202-450-1015 ; www.thedabney.com ; 122 Blagden Alley NW ; menu 170 $; 17h30-21h30 mar-jeu, 17h30-22h ven-sam ; M Lignes verte et jaune, arrêt Mount Vernon Square/7th St-Convention Center)

A Baked Joint

CAFÉ $

8 PLAN P. 102, E4

Des sandwichs tendance dans du pain maison, à déguster sur un banc ou à l'une des tables de la grande salle ouverte. Optez pour les patates douces rôties et fromage de chèvre sur focaccia, et terminez par le Nutella-banane sur pain complet au levain. Les grandes baies vitrées apportent beaucoup de lumière naturelle. Vous n'avez pas faim ? L'établissement propose aussi d'excellents *latte*. (202-408-6985 ; www.abakedjoint.com ; 440 K St NW ; plats 9-19 $; 7h-14h lun-mar, 7h30-20h30 mer-sam, 7h30-18h dim ; M Lignes rouge, jaune et verte, arrêt Gallery Pl-Chinatown)

Central Michel Richard

AMÉRICAIN $$$

9 PLAN P. 102, B7

Michel Richard fut l'un des premiers chefs stars à Washington. Il est décédé en 2016, mais le restaurant est toujours là. On y sert les grands classiques de la cuisine américaine totalement revisités : des burgers de homard, un délicieux pain de viande ultrasophistiqué et un poulet frit à se damner. (202-626-0015 ; www.centralmichelrichard.com ; 1001 Pennsylvania Ave NW ; plats 21-35 $; 11h30-20h30 lun-sam ; M Lignes orange, argent et bleue, arrêt Federal Triangle)

Chercher

ÉTHIOPIEN $

10 PLAN P. 102, C2

Certains expatriés éthiopiens comparent la cuisine du Chercher à celle de leur grand-mère. L'établissement prépare un superbe *injera* (grande crêpe épaisse) à tremper dans de délicieux *wats* (ragoûts) épicés. Les végétariens trouveront quantité de plats leur convenant. On complétera par une bière ou un hydromel venus d'Afrique ; et on repartira avec un sachet d'épices. Le restaurant est sur deux étages, les murs sont peints de couleurs vives et l'atmosphère est intime. (202-299-9703 ; www.chercherrestaurant.com ; 1334 9th St NW ; plats 11-17 $; 12h-22h lun-mer, 12h-22h jeu-dim ;

; Lignes verte et jaune jusqu'à Mt Vernon Sq/7th St-Convention Center)

Rasika

INDIEN $$

11 PLAN P. 102, D7

Aussi sophistiqué que peut l'être un restaurant indien. L'intérieur ressemble à un palais de Jaipur qui aurait été décoré par une armée d'artistes modernistes ! Le *murgh mussalam*, poulet tandoori aux noix de cajou et œufs de caille, est une valeur sûre, tout comme le simplissime *dal* (lentilles) assaisonné de la juste dose de fenugrec. Les végétariens se régaleront. (202-637-1222 ; www.rasikarestaurant.com ; 633 D St NW ; plats 20-36 $; dej 11h30-14h30 lun-ven et dim, diner 17h-22h lun-jeu, 17h-22h30 ven-sam, 17h-21h dim ; ; Lignes verte et jaune, arrêt Archives)

Le Diplomate

FRANÇAIS $$$

12 PLAN P. 102, A1

Ce charmant bistrot français est l'une des adresses les plus en vogue de la ville, et il n'est pas rare d'y voir des célébrités locales assises sur les banquettes en cuir ou en terrasse. La clientèle apprécie l'ambiance parisienne, entre coq au vin et bonne odeur de baguette, objets vintage et photos de nu dans les toilettes. Réservation nécessaire. (202-332-3333 ; lediplomatedc.com ; 1601 14th St NW ; plats 23-35 $; 12h-15h et 17h-23h lun-jeu et dim, 12h-15h et 17h-minuit sam-ven, plus dès brunch sam-dim ; Lignes verte et jaune, arrêt U St)

El Sol

El Sol (202-815-4789 ; www.elsol-dc.com ; 1227 11th St NW ; tacos 2,50-3 $, plats 10-16 $; 10h-23h30 dim-jeu, 10h-minuit ven-sam ; Lignes verte et jaune, arrêt Mt Vernon Sq/7th St-Convention Center) a des airs de simple petite *taqueria* de quartier, mais la cuisine proposée va bien au-delà, avec des tortillas de maïs fines remplies de poulet savoureux, de porc braisé, de cactus et d'autres délicieux ingrédients. Tout, ou presque, est préparé sur place (à l'exception de la sauce *mole*, qui provient de la cuisine de la mère du chef, au Mexique).

Shouk

ISRAÉLIEN $

13 PLAN P. 102, D4

Petit, rapide et sans chichis, Shouk propose des plats simples de la cuisine israélienne, savoureux et vegan. Goûtez le burger à base de pois chiches, haricots noirs, lentilles et champignons dans une pita grillée aux navets marinés, roquette et oignons. La pita aux champignons et chou-fleur est également délicieuse, de même que les frites de patates douces au *labneh* (un fromage frais) et noix de cajou. Le bon choix de bières artisanales et de vin au pichet ne gâche rien à l'ensemble. (202-945-4747 ; www.shouk.com ; 655 K St NW ; plats 10 $; 11h-20h ; ; Lignes verte et jaune, arrêt Mt Vernon Sq/ 7th St-Convention Center)

Zaytinya

MÉDITERRANÉEN $$

14 PLAN P. 102, C5

L'un des petits bijoux gastronomiques du chef espagnol José Andrés, une star aux États-Unis. Ce restaurant très fréquenté prépare de succulents mezze grecs, turcs et libanais. La salle, tout en longueur avec des plafonds hauts et des baies vitrées, est sonore. À l'heure de la sortie des bureaux, le Zaytinya est un rendez-vous classique. (202-638-0800 ; www.zaytinya.com ; 701 9th St NW ; mezze 8-14 $; 11h30-22h dim-lun, 11h30-23h mar-jeu, 11h30-minuit ven-sam ; ; M Lignes rouge, verte et jaune, arrêt Gallery Pl-Chinatown)

Matchbox Pizza

PIZZAS $$

15 PLAN P. 102, D5

Cette chaleureuse pizzeria aux murs en briques apparentes ne désemplit pas. Son secret : des ingrédients très frais et une pâte fine et croustillante. Ainsi qu'un superbe choix de bières, importées de Belgique ou brassées artisanalement. Pensez à réserver pour éviter d'attendre trop longtemps. (202-289-4441 ; www.matchboxrestaurants.com ; 750 H St NW ; pizzas 13-19 $; 11h-21h dim-jeu, 11h-23h ven, 10h-23h sam ; M Lignes rouge, verte et jaune, arrêt Gallery Pl-Chinatown)

Prendre un verre

Dacha Beer Garden

BEER GARDEN

16 PLAN P. 102, D1

Des enfants et des chiens jouent gaiement autour des tables de pique-nique où les adultes conversent en sirotant une bière. Lorsque le temps se rafraîchit, le personnel sort les chauffages et apporte des couvertures, le tout sous le regard d'Elizabeth Taylor (ou du moins une fresque qui la représente). Le dimanche, c'est un lieu de rendez-vous gay. (202-350-9888 ; www.dachadc.com ; 1600 7th St NW ; 8h-22h30 dim-jeu, 8h-minuit ven-sam; M Lignes verte et jaune, arrêt Shaw-Howard U)

Churchkey

BAR

17 PLAN P. 102, A2

Dans un cadre industriel ultrahype, ce bar propose 50 bières à la pression, parmi lesquelles cinq fermentées en fûts (*cask ales*). Sinon, 500 autres types de bières sont disponibles en bouteille (dont certaines sans gluten). On peut commander un plat au **Birch & Barley** (www.birchandbarley.com ; plats 16-29 $; 17h30-22h mar-jeu, 17h30-23h ven-sam, 11h-21h dim), un restaurant très apprécié et situé juste en dessous. (202-567-2576 ; www.churchkeydc.com ; 1337 14th St NW ; 16h-1h lun-jeu, 16h-2h ven, 12h-2h sam, 12h-1h dim ; M Lignes orange, argent et bleue, arrêt McPherson Sq)

Sortir

Shakespeare Theatre Company

THÉÂTRE

18 PLAN P. 102, D6

La principale troupe shakespearienne du pays présente des pièces du célèbre dramaturge anglais et des œuvres de George Bernard Shaw, Oscar Wilde, Eugene O'Neill et d'autres grands noms. Une demi-douzaine de spectacles sont mis en scène chaque année, plus une série de pièces de Shakespeare jouées gratuitement pendant deux semaines fin août. (202-547-1122 ; www.shakespearetheatre.org ; 450 7th St NW ; M Lignes verte et jaune, arrêt Archives)

Woolly Mammoth Theatre Company

THÉÂTRE

19 PLAN P. 102, D7

C'est la troupe la plus avant-gardiste de Washington. Pour la plupart des spectacles, des places de "dernière minute" à 20 $ sont disponibles à la billetterie 2 heures avant le spectacle. Attention, il y en a peu et les premiers arrivés sont les premiers servis, donc venez tôt. (202-393-3939 ; www.woollymammoth.net ; 641 D St NW ; M Lignes verte et jaune, arrêt Archives).

Studio Theatre

THÉÂTRE

20 PLAN P. 102, A1

Des œuvres contemporaines et des pièces couronnées par le prix

Matchbox Vintage Pizza Bistro

TOPPHOTOIMAGES/GETTY IMAGES ©

La tragédie du Ford's Theatre

Le projet

En 1865, quelques jours après la reddition de l'armée confédérée, le président Abraham Lincoln est assassiné de sang-froid.

John Wilkes Booth, célèbre acteur de théâtre du Maryland et fervent partisan de la cause confédérée, rêve depuis longtemps de mettre le gouvernement fédéral à genoux. Le 14 avril, en prenant son courrier au Ford's Theatre, il apprend que Lincoln doit assister à une représentation ce soir-là. Il décide de frapper.

En compagnie de ses complices, il établit un plan : Lewis Powell tuera le secrétaire d'État William Seward chez lui, George Atzerodt assassinera le vice-président Andrew Johnson, également à son domicile, et Booth s'occupera de Lincoln – le tout vers 22h. Seul Booth réussira sa mission.

L'assassinat et la fuite

Ce soir-là, Booth se dirige vers la loge de Lincoln sans être inquiété, car il est connu au Ford's Theatre où il joue souvent. Il pénètre dans la loge et bloque la porte derrière lui (le garde du corps de Lincoln, parti prendre un verre à l'entracte, n'est pas revenu). Booth, qui connaît bien la pièce, attend la réplique la plus drôle. Au moment où le public éclate de rire, il s'approche de Lincoln et lui tire dans la tête.

Le président s'affaisse dans son siège. Mary Lincoln pousse un cri et le major Henry Rathbone, également présent dans la loge, tente d'arrêter l'assassin. Celui-ci le poignarde et saute sur la scène en se prenant le pied dans le drapeau qui décore le rebord du balcon. Il atterrit mal, se fracture la jambe, se remet debout et brandit son couteau ensanglanté en criant "*Sic semper tyrannis !*" ("Ainsi finissent les tyrans !"). Puis il s'enfuit du théâtre, saute sur son cheval qui l'attendait dehors et part rejoindre ses complices.

Un bilan sanglant

Transporté à la Petersen House, de l'autre côté de la rue, Lincoln meurt le lendemain matin sans avoir repris connaissance. Après une vaste chasse à l'homme, Booth est rattrapé et abattu 12 jours plus tard. Appréhendés et traduits en justice, ses complices sont exécutés le 7 juillet 1865.

Pulitzer sont programmées dans ces quatre salles depuis plus de 35 ans. Beaucoup d'acteurs locaux jouent ici. (☎ 202-332-3300 ; www.studiotheatre.org ; 1501 14th St NW ; Ⓜ Ligne rouge, arrêt Dupont Circle)

National Theatre

THÉÂTRE

21 PLAN P. 102, B6

La programmation du plus vieux théâtre de Washington met l'accent sur les grands noms et les grosses productions de type Broadway. Des places à 25 $ (espèces uniquement) sont attribuées par tirage au sort 2 heures avant chaque représentation ; inscrivez-vous au guichet. Le samedi matin, spectacles gratuits pour enfants à 9h30 et 11h. (202-783-3370; www.thenationaldc.com ; 1321 Pennsylvania Ave NW ; M Lignes rouge, orange, argent et bleue, arrêt Metro Center)

Capitol One Arena

STADE

22 PLAN P. 102, D6

Ce stade accueille aussi bien les grands matchs sportifs que les concerts de stars. L'équipe professionnelle locale de hockey, les Capitals (www.nhl.com/capitals), et l'équipe pro de basket, les Wizards (www.nba.com/wizards), y jouent d'octobre à avril. Places à partir de 40 $. (202-628-3200 ; www.monumentalsportsnetwork.com/events ; 601 F St NW ; M Lignes rouge, jaune et verte, arrêt Gallery Pl-Chinatown)

Shopping

CityCenterDC

CENTRE COMMERCIAL

23 PLAN P. 102, C5

Si Washington n'est pas réputée pour être une ville très chic, cet ensemble à ciel ouvert de boutiques et restaurants haut de gamme peut faire revoir son jugement à la plus difficile des *fashionistas* ! Cerise sur le gâteau : la cour avec une fontaine, à l'écart de l'agitation de Downtown, où il fait bon savourer le calme en même temps qu'un expresso. (202-289-9000 ; www.citycenterdc.com ; H St NW, entre 9th St NW et 11th St NW ; M Lignes rouge, orange, argent et bleue jusqu'à Metro Center ; lignes rouge, jaune et verte, arrêt Gallery Pl-Chinatown)

Promenade à pied

Virée jazzy dans U Street et Shaw

Au début du XXe siècle, U Street était l'un des quartiers afro-américains les plus vivants du pays. C'est là qu'est né Duke Ellington et qu'il a débuté. Aujourd'hui, U Street et Shaw (la zone alentour) sont un haut lieu de la vie washingtonienne, avec spectacles de slam et cuisine afro-américaine, sans oublier les clubs de jazz où jouait Duke Ellington.

Comment y aller

M Ligne verte ou jaune, arrêt U St (pour les environs de U St et 13th St NW) et Shaw-Howard U (pour les lieux proches de T St et 7th St NW). St and 7th St NW).

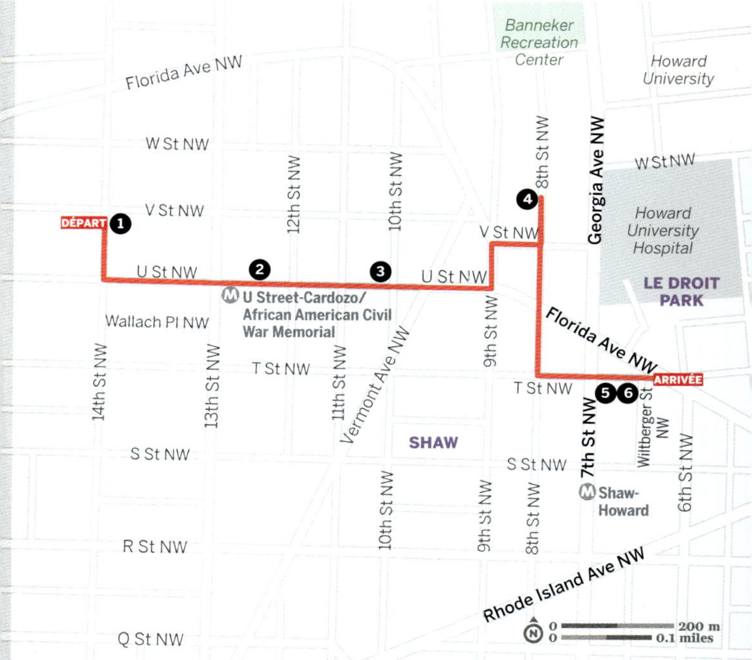

❶ Scène ouverte

L'incontournable **Busboys & Poets** (☎202-387-7638 ; www.busboysandpoets.com ; 2021 14th St NW ; plats 11-21 $; ⏲8h-22h lun-jeu, 8h-23h ven, 9h-23h sam, 9h-22h dim) et sa librairie attenante proposent café et Wi-Fi dans une ambiance avant-gardiste qui fait passer San Francisco pour une ville conservatrice. Le mardi de 21h à 22h, des amateurs lisent leurs poèmes lors de la soirée *open mike*.

❷ Half-smokes

Bien que fréquenté par des présidents, des stars de cinéma et des foules de curieux, le **Ben's Chili Bowl** (☎202-667-0909 ; www.benschilibowl.com ; 1213 U St ; plats 6-10 $; ⏲11h-21h lun-mer, 11h-23h jeu, 11h-4h ven-sam, 11h-22h dim) reste un restaurant de quartier où l'on vient déguster thé glacé et *half-smokes* (saucisse fumée plus consistante que le hot dog et nappée de sauce au piment).

❸ Cuisine afro-américaine

Dégrafez votre ceinture : à l'**Oohh's & Aahh's** (☎202- 667-7142 ; www.oohhsnaahhs.com ; 1005 U St NW ; plats 14-22 $; ⏲12h-22h lun-jeu, 12h-4h ven-sam, 12h-19h dim), le pain au maïs, le chou frisé, le pain de viande et autres plats typiques sont servis en énormes portions. En cas de fringale, prenez une part de gâteau *hummingbird* (banane-ananas). Ici, la clientèle semble avoir résisté à l'embourgeoisement de U St.

❹ Art contemporain

Organisation à but non lucratif, la **Foundry Gallery** (☎202-232-0203 ; www.foundrygallery.org ; 2118 8th St NW ; entrée libre ; ⏲13h-19h ven-dim) présente une sélection large d'œuvres d'artistes locaux. Jetez un œil par les grandes baies vitrées du rez-de-chaussée pour avoir une idée de l'exposition en cours. Les vernissages ont généralement lieu le samedi.

❺ Bières locales

La **Right Proper Brewing Co** (☎202-607-2337 ; www.rightproperbrewery.com ; 624 T St NW ; ⏲12h-22h lun-jeu, 12h-23h ven-sam, 12h-21h dim) brasse d'excellentes bières dans un bâtiment où Duke Ellington jouait au billard. La déco est des plus pittoresques : sur une fresque murale, les pandas géants du National Zoo détruisent le centre-ville avec leurs yeux lasers.

❻ Soirée spectacle

Ouvert en 1910, le **Howard Theatre** (☎202-803-2899 ; www.thehowardtheatre.com ; 620 T St NW) était un lieu phare à l'époque où U St faisait figure de "Broadway noir". Ellington, Ella Fitzgerald Billie Holiday et autres grands noms ont cédé la place à des humoristes et à des musiciens de blues et de jazz de renom.

& afterwords · Cafe & Grill · 1517-21
KRAMERBOOKS & afterwords
Grill
Please

Explorer

Dupont Circle

Restaurants chics, bars branchés, cafés tendance et jolies librairies résument assez bien ce quartier, cœur de la communauté LGBT. La plupart des ambassades se trouvent ici, souvent installées dans des demeures historiques. Le quartier compte également quelques musées méconnus, mais on vient là surtout pour se balader et profiter de l'ambiance cool et branchée.

Notre sélection

- ***Embassy Row** (p. 120)* *Tunisie, Chili, Turkménistan, Togo, Haïti... les ambassades se succèdent dans cette rue, comme en attestent les drapeaux en façade.*
- ***Phillips Collection** (p. 120)* *Découvrez des œuvres de Renoir, Gauguin ou Picasso dans une demeure restaurée.*
- ***Kramerbooks** (p. 117)* *Fouillez les piles de livres dans cette grande librairie lumineuse, puis installez-vous dans son café pour un cocktail ou un bon repas.*
- ***National Geographic Museum** (p. 120)* *Visitez le siège de la célèbre société d'explorateurs pour voir des objets rapportés de leurs expéditions.*
- ***Woodrow Wilson House*** (woodrowwilsonhouse.org ; 2340 S St NW ; adulte/enfant 10 $/gratuit ; 10h-16h mer-dim mars-déc, ven-dim jan-fév ; M Dupont, ligne rouge). *Découvrez le style de vie distingué de Washington, passé et présent.*

Comment y aller et circuler

M Métro Dupont Circle (ligne rouge) : sortie Q St pour les adresses au nord de P St et sortie 19th St pour celles au sud. Farragut North (ligne rouge) est plus proche de M St.

Bus Le bus Circulator Dupont-Georgetown-Rosslyn part à l'angle de 19th St et N St (quittez la station Dupont par la sortie sud).

Plan du quartier p.118

Kramerbooks, Dupont Circle (p. 117)

Une soirée à Dupont Circle

C'est à la tombée du jour que le quartier de Dupont Circle s'anime. Des jeunes cadres de tous bords politiques et orientations sexuelles se retrouvent ici pour prendre un verre, dîner ou faire un karaoké. Ici, on joue à des jeux de société, on boit de la vodka, on savoure une glace ou un curry et, le week-end, on flirte dans les librairies ouvertes jusqu'à 3h du matin.

Départ Bistrot du Coin

Arrivée Tabard Inn Bar

Distance 1,6 km

Metro Red Line to Dupont Circle

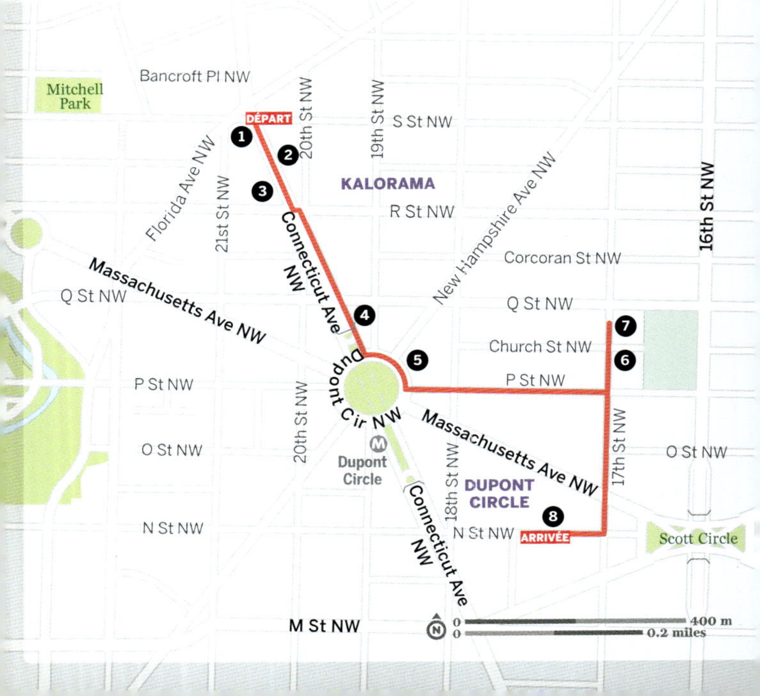

❶ Un verre au Bistrot du Coin

Très animé, le **Bistrot du Coin** (www.bistrotducoin.com ; 1738 Connecticut Ave NW ; plats 20-40 $; 16h-tard mar-dim ; M Ligne rouge jusqu'à Dupont Circle) séduit les Américains avec sa cuisine française de bistrot. S'il n'y a pas de place assise, installez-vous au comptoir.

❷ Jeux de société au Board Room

Asseyez-vous avec une bière et battez vos amis aux Hippos Gloutons ou invoquez les esprits avec un plateau de ouija. Le **Board Room** (1737 Connecticut Ave NW ; 16h-2h lun-jeu, 16h-3h ven, 12h-3h sam, 12h-2h dim ; M Ligne rouge, arrêt Dupont Circle) prête des jeux qui vous ramèneront tout droit en enfance.

❸ Une glace au Dolcezza

Dolcezza (www.dolcezzagelato.com ; 1704 Connecticut Ave NW ; glaces 5-8 $; 7h-21h dim-jeu, 7h-22h ven, 9h-23h sam ; M Ligne rouge, arrêt Dupont Circle), le meilleur glacier de la ville, propose une bonne douzaine de parfums originaux, tels que fraise-estragon.

❹ Livres non-stop

Kramerbooks (www.kramers.com ; 1517 Connecticut Ave NW ; 8h-21h lun-jeu, 8h-20h ven, 8h-22h sam-dim ; M Ligne rouge, arrêt Dupont Circle), ouvert jusqu'à 22h le week-end, ainsi que son bar-café attenant, l'Afterwords, plaît autant aux passionnés des livres qu'aux amoureux des rencontres. Commandez un plat ou une bière et engagez la conversation.

❺ Art underground

L'énorme station de tramway abandonnée située sous Dupont Circle a été transformée par un groupe d'artistes locaux en **Dupont Underground** (www.dupontunderground.org ; 1583 New Hampshire Ave NW ; 15$; M Ligne rouge jusqu'à Dupont Circle), galerie d'art, d'architecture et de design.

❻ Un curry à Duke's Grocery

Le **Duke's Grocery** (www.dukesgrocery.com ; 1513 17th St NW ; plats 12-16 $; 11h30-23h lun-jeu 11h30-1h ven, 10h-1h sam, 10h-23h dim ; M Ligne rouge, arrêt Dupont Circle), sur deux étages, ressemble aux pubs et restos de curry à Londres. Les plats, annoncés sur un tableau noir, changent tous les jours.

❼ Karaoké au JR's

Rendez-vous des gays, le **JR's** (202-328-0090 ; www.jrsbar-dc.com ; 1519 17th St NW ; 16h-2h lun-jeu, 16h-3h ven, 13h-3h sam, 13h-2h dim ; M Ligne rouge, arrêt Dupont Circle) draine une foule compacte. Tout le monde est bienvenu dans ce bar en bois sombre et vitraux..

❽ Cocktails au Tabard Inn

Dans l'hôtel du même nom, le **Tabard Inn Bar** (202-331-8528 ; www.tabardinn.com ; 1739 N St NW ; 16h-23h ; M Ligne rouge, arrêt Dupont Circle) attire les habitants du quartier venus boire un gin-tonic à l'ancienne.

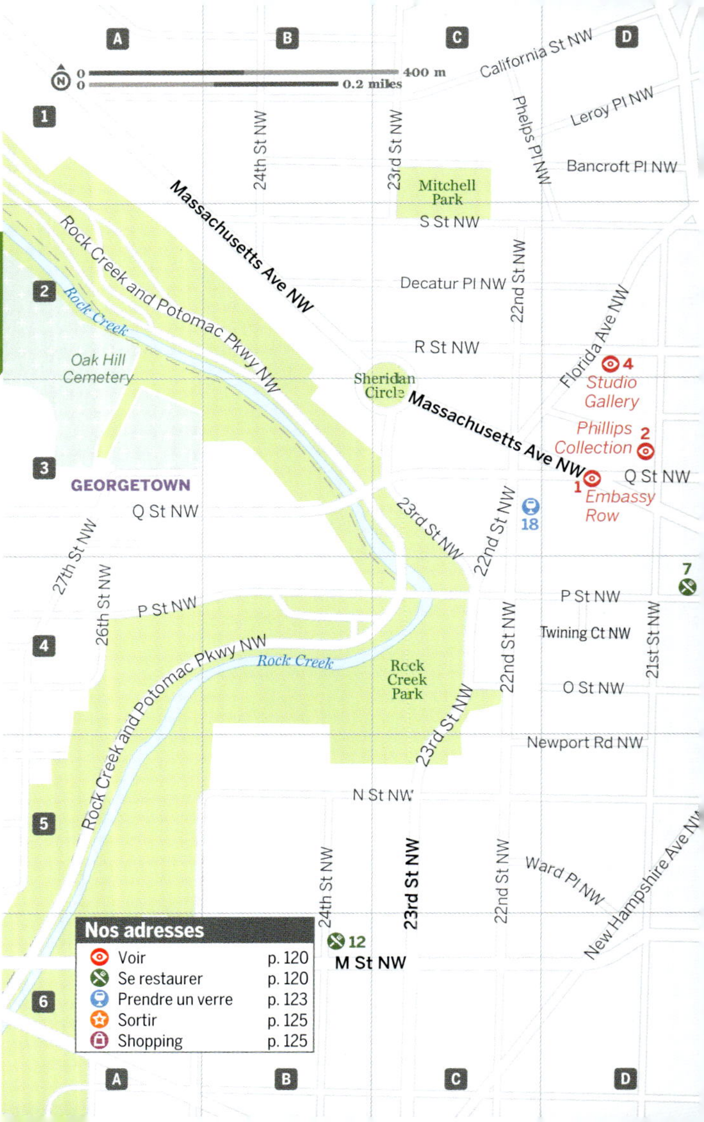
A
B
C
D
1
2
3
4
5
6
0 400 m
0 0.2 miles
California St NW
Leroy Pl NW
Phelps Pl NW
Bancroft Pl NW
24th St NW
23rd St NW
Mitchell Park
S St NW
Massachusetts Ave NW
Rock Creek and Potomac Pkwy NW
Rock Creek
Decatur Pl NW
22nd St NW
R St NW
Florida Ave NW
4
Studio Gallery
Oak Hill Cemetery
Sheridan Circle
Massachusetts Ave NW
Phillips Collection
2
1
Embassy Row
Q St NW
GEORGETOWN
Q St NW
23rd St NW
22nd St NW
18
27th St NW
26th St NW
7
P St NW
P St NW
Twining Ct NW
Rock Creek and Potomac Pkwy NW
Rock Creek
Rock Creek Park
22nd St NW
21st St NW
O St NW
23rd St NW
Newport Rd NW
N St NW
24th St NW
23rd St NW
22nd St NW
Ward Pl NW
New Hampshire Ave NW
12
M St NW
Nos adresses
Voir p. 120
Se restaurer p. 120
Prendre un verre p. 123
Sortir p. 125
Shopping p. 125

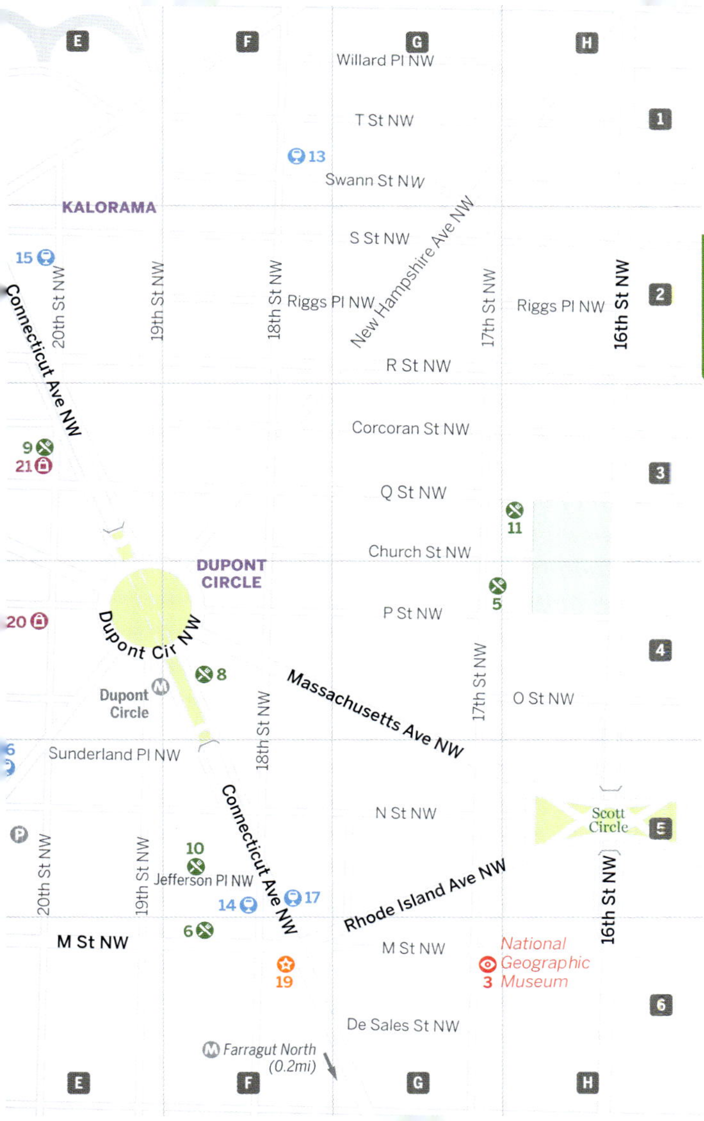
E
F
G
H
1
2
3
4
5
6
Willard Pl NW
T St NW
13
Swann St NW
KALORAMA
S St NW
New Hampshire Ave NW
15
Connecticut Ave NW
20th St NW
19th St NW
18th St NW
Riggs Pl NW
17th St NW
Riggs Pl NW
16th St NW
R St NW
Corcoran St NW
9
21
Q St NW
11
Church St NW
DUPONT CIRCLE
5
P St NW
20
Dupont Cir NW
8
Dupont Circle
Massachusetts Ave NW
17th St NW
O St NW
18th St NW
Sunderland Pl NW
6
N St NW
Scott Circle
10
Jefferson Pl NW
20th St NW
19th St NW
Connecticut Ave NW
14
17
Rhode Island Ave NW
16th St NW
6
M St NW
M St NW
National Geographic Museum
3
19
De Sales St NW
Farragut North (0.2mi)

Voir

Embassy Row
BÂTIMENTS

1 PLAN P. 118, D3

Envie d'un voyage express autour du monde ? En remontant Massachusetts Ave vers le nord-ouest depuis Dupont Circle, vous passerez devant plus de 40 ambassades installées dans des demeures très élégantes pour certaines, très discrètes pour d'autres. Tunisie, Chili, Haïti,... les drapeaux indiquent les pays tandis que des véhicules aux vitres fumées vont et viennent, transportant les diplomates. Le quartier compte en tout plus de 130 ambassades, la plupart dans les rues adjacentes. (www.embassy.org ; Massachusetts Ave NW entre Observatory et Dupont Circles NW ; M Ligne rouge, arrêt Dupont Circle)

Phillips Collection
MUSÉE

2 PLAN P. 118, D2

Ouvert en 1921, le plus vieux musée d'art moderne des États-Unis possède une superbe collection d'œuvres européennes et américaines, notamment *Le Déjeuner des canotiers* de Renoir, ainsi que des toiles de Gauguin, Van Gogh, Picasso et bien d'autres grands noms. Les salles sont exiguës, ce qui permet de voir les œuvres de très près. En semaine, l'accès à la collection permanente est gratuit. Vous pouvez télécharger l'application gratuite ou appeler le 202-595-1839 pour une visite audioguidée des œuvres. (20 2-387-2151 ; www.phillipscollection.org ; 1600 21st St NW ; tarif plein/réduit 16/10 $, ; 11h-18h mar-dim ; M Ligne rouge, arrêt Dupont Circle)

National Geographic Society Museum
MUSÉE

3 PLAN P. 118, G5

Si ce musée ne peut rivaliser avec ceux de la Smithsonian, certaines de ses expositions valent toutefois le détour. Elles sont basées sur des expéditions menées aux quatre coins de la planète et changent tous les trois mois environ. (20 2-857-7700 ; www.nationalgeographic.org/dc ; 1145 17th St NW ; adulte/enfant 20/12 $; 10h-17h ; M Ligne rouge, arrêt Farragut North)

Studio Gallery
GALERIE D'ART

4 PLAN P. 118, D2

Plus de 35 jeunes artistes de la région exposent ici peinture, sculpture, technique mixte et vidéo. L'espace, relativement petit, se prolonge au sous-sol. Les expositions sont constamment renouvelées. Vernissages le premier vendredi du mois. (202-232-8734 ; www.studiogallerydc.com ; 2108 R St NW ; gratuit ; 13h-18h mer-ven, 11h-18h sam ; M Ligne rouge, arrêt Dupont Circle)

Se restaurer

Little Serow
THAÏLANDAIS $$$

5 PLAN P. 118, H3

Pas de téléphone, pas de réservation, pas de plaque à la

porte et les clients ne peuvent être accueillis que par groupes de quatre ou moins (les groupes plus nombreux seront séparés). Pourtant, de longues files d'attente se forment devant la porte. La raison ? Une cuisine du nord de la Thaïlande exceptionnelle ! Le menu unique (six plats épicés) varie toutes les semaines. (www.littleserow.com ; 1511 17th St NW ; menu 49 $; 17h30-20h mar-sam ; M Ligne rouge, arrêt Dupont Circle)

Bub & Pop's

SANDWICHS $

6 PLAN P. 118, F5

Un chef fatigué du stress inhérent au monde de la haute cuisine a ouvert cette boutique de sandwichs avec ses parents. Préparés avec des ingrédients maison (boulettes de viande, cornichons, mayonnaise, porc rôti, etc.), ces énormes sandwichs sont servis par la sympathique Arlene, mère du propriétaire. À déguster dans la salle aux tons bleu et rouge vif. (202-457-1111 ; www.bubandpops.com ; 1815 M St NW ; demi-sandwichs/complet 12/24 $; 11h-15h mar-sam ; M Ligne rouge, arrêt Dupont Circle)

Obelisk

ITALIEN $$$

7 PLAN P. 118, D3

La petite salle étroite donne l'impression que l'on mange chez des amis et, en plus, les plats sont amoureusement préparés avec des ingrédients de qualité. Goûtez aux raviolis à la ricotta sauce aux tomates vertes, ou à une cuisse de canard confite sauce aux poires. Mention spéciale pour les antipasti. Le menu change chaque jour,

The National Geographic Museum

mais le choix est limité (si vous êtes difficile, téléphonez pour vous renseigner avant de venir). Réservation nécessaire. (202-872-1180 ; www.obeliskdc.com ; 2029 P St NW ; menu 78-88 $; 17h-22h jeu-sam ; M Ligne rouge, arrêt Dupont Circle)

Un Je Ne Sais Quoi

BOULANGERIE $

8 PLAN P. 118, F4

Un parfum de café chaud vous enveloppe dès que vous entrez dans cette petite boulangerie où un couple d'expatriés français concocte son "*merveilleux*", une pâtisserie à base de meringue et de chocolat. On a l'impression de croquer dans un nuage ! Les tartes, les éclairs et autres douceurs servis sur des assiettes en porcelaine sont tout aussi succulents. (202-721-0099 ; www.facebook.com/unjenesaisquoipastry ; 1361 Connecticut Ave NW ; pâtisseries 5,50-7 $; 8h-18h mar-ven, 9h-18h sam, 9h-17h dim ; M Ligne rouge, arrêt Dupont Circle)

Zorba's Cafe

GREC $

9 PLAN P. 118, E2

Avec ses copieuses portions mcussaka et de souvlakis et ses pichets de bière Rolling Rock, le Zorba's Cafe offre l'un des meilleurs rapports qualité/prix de la ville. Aux beaux jours, on se presse dans le patio extérieur. Les bouzoukis en fond musical donnent presque l'impression d'êt-e en Grèce. (202-609-8326 ; www:zorbascafe.com ; 1612 20th St NW ; plats 13-16 $; 11h-23h30 lun-sam, 11h-22h30 dim ; M Ligne rouge, arrêt Dupont Circle)

Scallops, Blue Duck Tavern

St Arnold's Mussel Bar BELGE $$

10 PLAN P. 118, F5

Envie de moules-frites ? Vous en trouverez ici dans toutes sortes de déclinaisons : au curry, au bleu et bacon ou, spécialité maison, à la bière et échalotes caramélisées avec graisse de canard. Ajoutez à cela tout un choix de bières belges, une ambiance conviviale et vous comprendrez que c'est un endroit où l'on se sent facilement chez soi. (202-833-1321 ; starnoldsdc.com ; 1827 Jefferson Pl NW ; plats 16-28 $; 16h-2h mar-jeu et dim, 16h-3h ven et sam ; M Ligne rouge, arrêt Farragut North)

Hank's Oyster Bar FRUITS DE MER $$$

11 PLAN P. 118, H3

Washington possède plusieurs bars à huîtres, mais la minichaîne Hank's est notre favorite, avec son ambiance à la fois huppée et sympathique. Le choix d'huîtres est excellent, avec au moins quatre variétés proposées en permanence. La salle est petite et il faut souvent attendre pour avoir une table ; profitez-en pour prendre un verre au bar. (202-462 4265 ; www.hanksoysterbar.com ; 1624 Q St NW ; plats 22-30 $; 16h-22h mar-jeu, 16h-23h ven-sam, 16h-21h dim ; M Ligne rouge, arrêt Dupont Circle)

Blue Duck Tavern AMÉRICAIN $$$

12 PLAN P. 118, B5

Étoilé au guide Michelin, le Blue Duck tente de recréer l'ambiance d'une taverne rustique au milieu de l'environnement bétonné et urbain de M St. La carte est changeante et propose des produits issus de fermes de tout le pays, du tartare de gibier au cochon de lait de Pennsylvanie en passant par le crabe de la Chesapeake Bay et les *grits* de Caroline du Sud. (202-419-6755 ; www.blueducktavern.com ; 1201 24th St NW ; plats 29-38 $; 6h30-23h ; ; M Ligne rouge, arrêt Dupont Circle)

Larry's Lounge

Petit bar de quartier agréablement vieillot, le **Larry's Lounge** (202-483-1483 ; 1840 18th St NW ; 16h-2h lun-jeu, 16h-3h ven et sam, 14h-2h dim ; ; M Dupont Circle) est connu pour son choix de boissons, son patio ouvert aux chiens et ses grandes baies vitrées pour observer la rue. À la base, c'est un bar gay, mais beaucoup d'hétéros l'apprécient aussi. Vous y rencontrerez de sacrés personnages !

Prendre un verre

Bar Charley BAR

13 PLAN P. 118, F1

Le Bar Charley attire une clientèle éclectique venue de tout le quartier : jeunes, vieux, gays et hétéros se retrouvent autour de cocktails originaux à prix raisonnables, servis dans des verres anciens et des mugs tiki en céramique. Le *Suffering Bastard*, au gin et gingembre, est une valeur sûre. La carte des bières n'est pas énorme, mais elles ont été choisies avec soin. Il y a aussi une carte de 60 vins. (202-627-2183 ; www.barcharley.com ; 1825 18th St NW ; 17h-1h dim-jeu, 16h-2h ven, 17h-2h sam plus brunch 10h-15h sam-dim ; M Ligne rouge, arrêt Dupont Circle)

18th Street Lounge

CLUB

14 PLAN P. 118, F5

Lustres, canapés en velours et papier peint ancien constituent la déco de cette demeure sur plusieurs étages où l'on vient faire la fête sur des rythmes funk, soul et brésiliens orchestrés par d'excellents DJ – normal, puisque Eric Hilton (de Thievery Corporation) est copropriétaire des lieux. L'absence d'enseigne sur la porte témoigne du caractère exclusif de cet établissement où jeans et baskets sont interdits. Droit d'entrée entre 10 et 20 $. (202-466-3922 ; www.eighteenthstreetlounge.com ; 1212 18th St NW ; 17h-2h mar-jeu et dim, 17h-3h ven-sam ; M Ligne rouge, arrêt Dupont Circle)

Filter

CAFÉ

15 PLAN P. 118, E1

Dans une rue tranquille, ce petit établissement doté d'une minuscule terrasse sert un excellent café local à une clientèle branchée armée d'ordinateurs portables. Le *flat white* (double expresso mélangé à de la mousse de lait) frôle ici la perfection. (202-223-0100 ; www.filtercoffeehouse.com ; 1916 20th St NW ; 7h30-16h lun-ven ; M Ligne rouge, arrêt Dupont Circle)

Firefly Bar

BAR

16 PLAN P. 118, E4

Si le Firefly est d'abord un restaurant (celui de l'Hotel Madera), il s'impose surtout comme l'un des bars les plus agréables de Dupont Circle. La salle, avec ses arbres éclairés par des lanternes, baigne dans une ambiance magique évoquant le ballet des lucioles par un soir d'été. Délicieux cocktails. (202-861-1310 ; www.firefly-dc.com ; 1310 New Hampshire Ave NW ; 16h-23h ; M Ligne rouge, arrêt Dupont Circle)

Decades

CLUB

17 PLAN P. 118, F5

Un grand club très actif, avec des salles sur trois niveaux pour danser. L'endroit est amusant, décoré de manière rétro, avec des jeux d'arcade. Chaussures et vêtements de sport interdits. (202-650-7326 ; www.decadesdc.com ; 1219 Connecticut Ave NW ; 22h-2h mer-jeu, 21h30-3h ven-sam, 16h-2h dim ; M Ligne rouge, arrêt Dupont Circle)

Bier Baron

BAR

18 PLAN P. 118, C3

Préparez votre foie avant d'entrer dans ce bar en sous-sol ! On sert ici 50 bières à la pression (surtout des productions locales et artisanales), ainsi que 500 autres marques du monde entier en bouteille. Asseyez-vous, demandez à goûter et lancez-vous dans une inoubliable expérience gustative. (202-293-1887 ;dccomedyloft.com ; 1523 22nd St NW ; 17h-23h mer-jeu, 17h-1h ven-sam, 17h-21h dim ; M Ligne rouge, arrêt Dupont Circle)

Sortir

DC Improv

HUMOUR

19 PLAN P. 118, F5

Cette salle privilégie le traditionnel *stand-up*, avec des humoristes passant sur des chaînes de télé ou dans des émissions comme Comedy Central, Saturday Night Live et HBO qui se produisent dans la salle principale. Plus petite, la *lounge showroom* présente des troupes d'impro, généralement avec des places moins chères. Des ateliers sont aussi organisés. (202-296-7008 ; www.dcimprov.com ; 1140 Connecticut Ave NW ; à partir de 10 $; fermé lun ; M Ligne rouge, arrêt Farragut North)

Shopping

Second Story Books

LIVRES, CD

20 PLAN P. 118, E3

Bourrée de livres d'occasion poussiéreux, cette boutique pittoresque vend aussi des CD d'occasion, des livres anciens et de vieilles partitions. Prix corrects et vaste choix. Sur le trottoir, des cartons contiennent des livres vendus de 50 cents à 2 $. (202-659-8884 ; www.secondstorybooks.com ; 2000 P St NW ; 10h-20h ; M Ligne rouge, arrêt Dupont Circle)

Tabletop

DÉCORATION

21 PLAN P. 118, E2

La meilleure boutique de déco de Dupont Circle prouve que Washington est une ville beaucoup plus intéressante pour le shopping que sa réputation ne le laisserait penser. Les bougies, carafes à vin postmodernes et nappes vintage impressionneront vos amis les plus branchés. (202-387-7117 ; www.tabletopdc.com ; 1608 20th St NW ; 10h-18h lun-sam, 10h-15h dim ; M Ligne rouge, arrêt Dupont Circle)

Dupont Circle Market

Chaque dimanche matin, on se presse au **Dupont Circle Market** (www.freshfarmmarkets.org ; 1560 20th St NW ; 8h30-13h30 dim avr-déc, 10h-13h jan-mars ; M Ligne rouge, arrêt Dupont Circle) pour acheter pain au romarin, fromages de chèvre, *empanadas* au tassergal (poisson), fruits et légumes. Ce marché s'inscrit dans le programme Fresh Farm Market visant à favoriser l'achat de produits locaux dans la baie de Chesapeake.

Promenade à pied

Ambassades et hôtels particuliers

Il y a énormément d'ambassades à Washington. La plupart sont installées dans le quartier de Dupont Circle, dans des hôtels particuliers bâtis par des industriels et des financiers au début du XXe siècle le long de Massachusetts Ave. Durant la Grande Dépression, beaucoup perdirent leurs fortunes et leurs maisons tombèrent en décrépitude jusqu'à la Seconde Guerre mondiale. Puis elles furent transformées en ambassades.

Itinéraire

Départ Blaine Mansion ; M Dupont Circle

Arrivée Spanish Steps ; M Dupont Circle

Distance et durée
1,5 km ; 45 minutes

❶ Blaine Mansion

En 1881, le fondateur du Parti républicain, "Slippery Jim" Blaine, fit élever au 2000 Massachusetts Ave cet hôtel particulier aux allures de maison hantée. Il dut la quitter après moins de deux ans en raison de revers politiques. La Blaine Mansion est aujourd'hui la plus vieille demeure de Dupont Circle.

❷ Ambassade d'Indonésie

Au n°2020, l'ambassade d'Indonésie occupe la maison Walsh-McLean, construite en 1903 par le magnat de l'or Thomas Walsh. Ce dernier plaça dans les fondations une pépite d'or qui n'a jamais été retrouvée.

❸ Anderson House

Continuez le long de Massachusetts Ave.Au n°2118, l'Anderson House, somptueuse, abrite la Society of the Cincinnati, fondée après la guerre d'Indépendance américaine. C'est l'une des rares demeures qui se visite. La salle de bal, les lustres et les escaliers sont à couper le souffle.

❹ Ambassade du Luxembourg

Au n°2200, l'ambassade du Luxembourg, superbe, fut bâtie en 1909 dans un style néoclassique par Alexander Stewart. Elle fut achetée en 1941 par la grande-duchesse du Luxembourg qui y vécut durant la Seconde Guerre mondiale.

❺ Sheridan Circle

Sur le Sheridan Circle, remarquez la statue équestre du général de la guerre de Sécession Philip Sheridan. Elle est l'œuvre de Gutzon Borglum, qui sculpta plus tard le mémorial du mont Rushmore.

❻ Résidence de l'ambassadeur de Turquie

À l'angle de Sheridan Circle et de 23rd St, cet hôtel particulier fut bâti par l'architecte George Oakley Totten pour Edward Everett, inventeur d'un système de bouchon de bouteille.

❼ Ambassade de Croatie

Au 2343 Massachusetts Ave, une statue de saint Jérôme lisant du sculpteur croate Ivan Meštrović, marque l'entrée de l'ambassade de Croatie.

❽ Spanish Steps

Prenez Decatur Pl vers l'est pour rejoindre 22nd St. La montée vers S St NW étant trop raide, la ville fit aménager un escalier baptisé Spanish Steps ("les marches espagnoles") en raison de sa ressemblance avec la Piazza di Spagna, à Rome. Gravissez-le et admirez la vue.

LES
ead On Me
MACY
BAR
2339

Explorer

Adams Morgan

Adams Morgan est depuis longtemps le lieu de ralliement des noctambules. Dans ce quartier hybride, centré autour de 18th St NW, les boutiques vintage, les magasins de disques et les restaurants exotiques côtoient les bars et un nombre croissant d'adresses branchées pour gastronomes.

Notre sélection

- ***18th St NW (p. 130)*** *Explorez les restaurants, clubs, petits bars et boutiques de cette rue où Éthiopiens, Coréens, Indiens, Cubains et buveurs se retrouvent.*
- ***Tail Up Goat (p. 131)*** *Partagez des ribs au citron et des cocktails colorés.*
- ***Jack Rose Dining Saloon*** (202-588-7388 ; jackrosediningsaloon.com ; 2007 18th St NW ; 17h-2h dim-jeu, 17h-3h ven-sam ; M Dupont Circle, ligne rouge) *Jetez un œil à la plus vaste collection de whiskies de l'hémisphère Ouest, avec plus de 2 600 bouteilles tapissant les murs.*
- ***Dan's Cafe (p. 133)*** *Mixez vos cocktails dans l'un des meilleurs bars de la ville..*
- ***Madam's Organ (p. 133)*** *Assistez à un concert de blues, prenez un verre sur le toit-terrasse et photographiez la peinture grivoise à l'extérieur.*

Comment y aller et circuler

M Métro Pour 18th St, la station Woodley Park-Zoo/Adams Morgan (ligne rouge) est la plus pratique, mais pour les lieux situés au sud de Kalorama Rd, préférez la station Dupont Circle (ligne rouge). Comptez 15 minutes de marche depuis le métro.

Bus Le DC Circulator va de la station de métro Woodley Park-Zoo/Adams Morgan à l'angle de 18th St et de Calvert St.

Plan du quartier p.130

18th Street (p. 130) PHILIP SCALIA/ALAMY ©

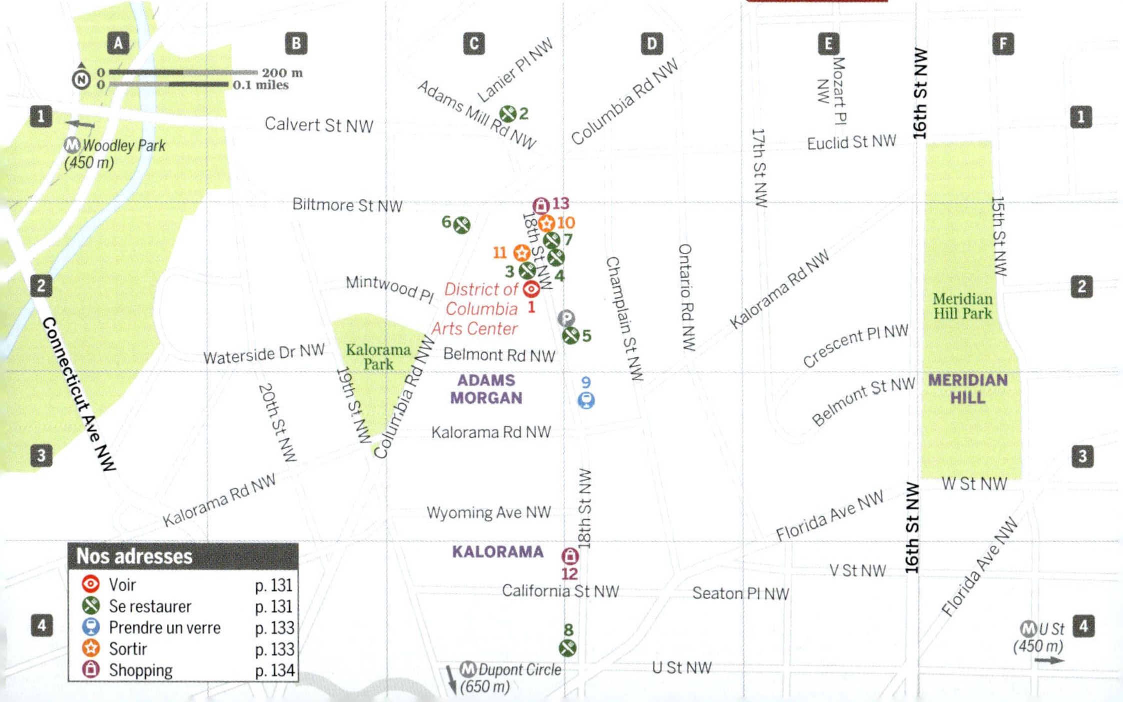

Nos adresses

Voir	p. 131
Se restaurer	p. 131
Prendre un verre	p. 133
Sortir	p. 133
Shopping	p. 134

Voir

District of Columbia Arts Center

CENTRE ARTISTIQUE

1 PLAN P. 130, C2

Le DCAC offre à de jeunes artistes un lieu où montrer leur travail. Une galerie de 75 m² présente des expositions temporaires, tandis qu'une salle (50 places) accueille des pièces, des impros, des comédies musicales avant-gardistes et autres productions théâtrales. L'entrée est gratuite, n'hésitez pas à aller voir ce qui s'y passe. (DCAC ; 202-462-7833 ; www.dcartscenter.org ; 2438 18th St NW ; gratuit ; 14h-19h mer-dim ; M Ligne rouge, arrêt Woodley Park-Zoo/Adams Morgan)

Se restaurer

Tail Up Goat

MÉDITERRANÉEN $$

2 PLAN P. 130, C1

Des murs bleu pâle, un mobilier en bois clair et des lanternes suspendues ici et là : au Tail Up Goat l'ambiance est chaleureuse et on se croirait presque sur une île ! Les côtes d'agneau (croustillantes et délicieusement grasses), servies avec citrons grillés, figues et épices, sont la spécialité de la maison. Les pains faits sur place et les garnitures pour les accompagner valent également le détour. Goûtez le pain plat au levain et graines de lin aux betteraves. Pas étonnant que le restaurant ait gagné une étoile au Michelin. (202-986-9600 ; www.tailupgoat.com ; 1827 Adams Mill Rd NW ;menu 95 $; 17h30-20h mar, 17h30-20h45 mer-jeu, 17h-21h15 ven-sam, 17h-20h45 dim ; M Ligne rouge, arrêt Woodley Park-Zoo/Adams Morgan)

Bul

Bul (202-733-3921 ; www.buldc.com ; 2431 18th St NW ; plats 13-20 $; 17h30-22h mar-jeu, 17h-23h ven-sam, 17h-21h dim ; M Ligne rouge, arrêt Woodley Park-Zoo/Adams Morgan) est le premier "petit restaurant de rue" coréen à Washington. Les Washingtoniens tendance adorent leurs brochettes grillées de viande et légumes, leurs galettes aux fruits de mer et leur soupe "spéciale gueule de bois". Le riz frit à la poitrine de porc est accompagné de kimchi préparé par les mamans des chefs.

Donburi

JAPONAIS $

3 PLAN P. 130, C2

Seulement 15 couverts et un comptoir en bois où on voit les chefs à l'œuvre. *Donburi* signifie "bol" en japonais et c'est précisément ce qui est servi ici, rempli par exemple de crevettes panées au *panko* sur riz fumant accompagnées de sauce aigre-douce. C'est un repas simple et authentique. Il y a souvent la queue, mais elle avance rapidement. Pas de réservation possible. (202-296-7941 ; www.facebook.com/donburidc ; 1134 19th St NW ;

plats 10-15 $; 11h-22h dim-ven, 11h-14h et 16h30-22h sam ; M Ligne rouge, arrêt Woodley Park-Zoo/Adams Morgan) et dim ; M Ligne rouge jusqu'à Woodley Park-Zoo/Adams Morgan)

Diner

AMÉRICAIN $

4 PLAN P. 130, C2

Cuisine roborative à toute heure du jour et de la nuit. Un lieu idéal pour un petit-déjeuner matinal, un brunch avec Bloody Mary le week-end (bondé) ou un bon plat américain sans chichis (omelettes, pancakes, macaronis au fromage, tacos au tofu et burgers). Parfait avec des enfants. (202-232-8800 ; www.dinerdc.com ; 2453 18th St NW ; plats 9-18 $; 8h-21h lun-mer, 24h/24 jeu-dim ; ; M Ligne rouge, arrêt Woodley Park-Zoo/Adams Morgan)

Amsterdam Falafelshop

MOYEN-ORIENTAL $

5 PLAN P. 130, C2

Bon marché, accueillant, rapide et délicieux, le Falafelshop fait le bonheur des végétariens et de tous ceux qui ont une petite fringale en pleine nuit ! Commandez votre sandwich pita au comptoir, puis garnissez-le d'une vingtaine d'ingrédients, par exemple des légumes marinés, du taboulé ou des olives. À emporter ou à manger sur place (quelques tabourets et tables sont à disposition). (202-234-1969 ; www.falafelshop.com ; 2425 18th St NW ; 6-8 $; 11h30-22h dim-mer, 11h30-23h jeu, 11h30-minuit ven-sam ; ; M Ligne rouge, arrêt Woodley Park-Zoo/Adams Morgan)

Perry's

ASIATIQUE $$

6 PLAN P. 130, B2

Si l'on peut y manger des sushis, c'est surtout la cuisine fusion qui mérite le détour. Installez-vous dans la jolie salle ou sur la terrasse du toit. Le dimanche, prenez l'ultrapopulaire "drag-queen brunch", un buffet à volonté avec spectacle. Réservation obligatoire (jusqu'à deux mois à l'avance !). (202-234-6218 ; www.perrysam.com ; 1811 Columbia Rd NW ; plats 11-17 $; 16h-21h30 lun-jeu, 16h-22h ven-sam, 10h-12h et 13h-15h dim ; M Ligne rouge, arrêt Woodley Park-Zoo/Adams Morgan)

Tryst

CAFÉ $

7 PLAN P. 130, C2

Les canapés, les fauteuils, les étagères chargées de livres et les grandes baies vitrées assurent au Tryst une clientèle très fidèle. On se presse ici pour le café, les sublimes petits-déjeuners composés d'omelettes et de gaufres, ainsi que les sandwichs originaux. Jazz plusieurs soirs par semaine. (202-232-5500 ; www.trystdc.com ; 2459 18th St NW ; petit-déj et sandwichs 9-14 $; 7h-21h ; M Ligne rouge, arrêt Woodley Park-Zoo/Adams Morgan)

CakeRoom

PÂTISSERIE $

8 PLAN P. 130, C4

On salive devant la vitrine pleine de gâteaux et de tartes. Le *banoffee pie* (une divine tarte banane-caramel) et le *cupcake* aux dattes sont à goûter absolument. Fadi, le patron jordanien, invite ses

Terrasse à Tryst

clients à s'attarder à l'étage dans les confortables canapés et fauteuils de cette divine pâtisserie. (☎ 202-450-4462 ; www.cakeroombakery.com ; 2006 18th St NW ; pâtisseries 2,50-5 $; ⏲ 9h-21h lun-jeu, 9h-22h ven, 10h-22h sam, 10h-21h dim ; Ⓜ Ligne rouge, arrêt Woodley Park-Zoo/Adams Morgan)

Prendre un verre

Dan's Cafe

BAR

9 PLAN P. 130, C3

Si vous voulez vous encanailler, ce bar décrépi à la déco ringarde (murs lambrissés bon marché et éclairage faiblard) est célèbre pour ses boissons à préparer soi-même : pour 20 $ à peine, on vous apporte une bouteille d'alcool, un soda et de la glace. Espèces uniquement. (☎ 202-265-0299 ; 2315 18th St NW ; ⏲ 19h-3h ven-sam ; Ⓜ Ligne rouge, arrêt Woodley Park-Zoo/Adams Morgan).

Sortir

Madam's Organ

CONCERTS

10 PLAN P. 130, C2

Le magazine *Playboy* a un jour élu Madam's Organ comme l'un de ses bars favoris aux États-Unis. Ce lieu établi de longue date accueille le soir des musiciens de blues, de rock et de bluegrass qui mettent littéralement le feu à la salle. Un bar bruyant avec piste de danse et décor insolite (animaux empaillés et peintures bizarres) occupe le rez-de-chaussée. La terrasse sur le toit est plus calme. Repérez l'enseigne ornée d'une dame à la poitrine avantageuse. (☎ 202-667-5370 ;

Madam's Organ

www.madamsorgan.com ; 2461 18th St NW ; entrée 5-10 $; 17h-2h dim-jeu, 17h-3h ven-sam ; M Ligne rouge, arrêt Woodley Park-Zoo/Adams Morgan)

Bukom Cafe

CONCERTS

11 PLAN P. 130, C2

Tous les soirs à partir de 22h (un peu plus tôt en semaine), d'excellents groupes de reggae et de highlife font danser le public. Mêlez-vous aux immigrants ouest-africains et aux Américains de type "bénévoles de retour de mission en Afrique". Entrée gratuite. Venez tôt pour goûter un poulet yassa ou une autre spécialité d'Afrique de l'Ouest. (202-265-4600 ; www.bukomcafe.com ; 2442 18th St NW ; 15h-22h dim et mar-jeu, 15h-minuit ven-sam ; M Ligne rouge, arrêt Woodley Park-Zoo/Adams Morgan)

Shopping

Meeps

MODE VINTAGE

12 PLAN P. 130, C4

Vous connaissez sans doute une fille toujours très bien habillée et qui, pourtant, semble ne jamais porter aucun vêtement de marque. Son secret ? Sûrement une boutique comme Meeps. On trouve ici des robes, chemises de cow-boy, vestes en daim, sacs à main brodés de perles, bottes en cuir, lunettes de soleil et salopettes en jean, ainsi qu'une sélection de tee-shirts de fabrication locale. Au moment de nos recherches, le magasin était fermé temporairement. Renseignez-vous avant votre visite. (202-265-6546 ; www.meepsdc.com ; 2104 18th St NW ;

12h-19h ven-sam, 12h-18h dim ; M Ligne rouge, arrêt Dupont Circle)

Idle Time Books

LIVRES

13 PLAN P. 130, C2

Sur trois niveaux, une multitude de livres d'occasion. Des romans, mais aussi l'un des meilleurs choix d'ouvrages politiques et historiques, et d'excellents rayons science-fiction, sport et humour. Bonne sélection de journaux à l'entrée. Vend aussi des disques et des cartes postales. (202-232-4774 ; www.idletimebooks.com ; 2467 18th St NW ; 11h-22h ; M Ligne rouge, arrêt Woodley Park-Zoo/Adams Morgan)

Fringales nocturnes

Adams Morgan est bien connu pour ses restaurants ouverts tard dans la nuit. Les vendredi et samedi soir, pour se remettre d'aplomb après avoir un peu trop trinqué, de nombreux noctambules avalent d'énormes parts de pizza vendues un peu partout dans le quartier.

Mélange des genres à Columbia Heights

Un quartier en plein boom où se côtoient Latino-Américains et hipsters. Encore décrépi il y a quelques décennies, Columbia Heights s'est transformé avec l'ouverture d'une station de métro, suivie de l'installation de nombreuses grandes enseignes. C'est aujourd'hui un quartier pittoresque en pleine mutation où l'on trouve restaurants exotiques et petits bars sans prétention.

Départ Columbia Heights Metro Station

Arrivée BloomBars

Distance 1,6 km

Metro Green ou Yellow Line vers Columbia Heights.

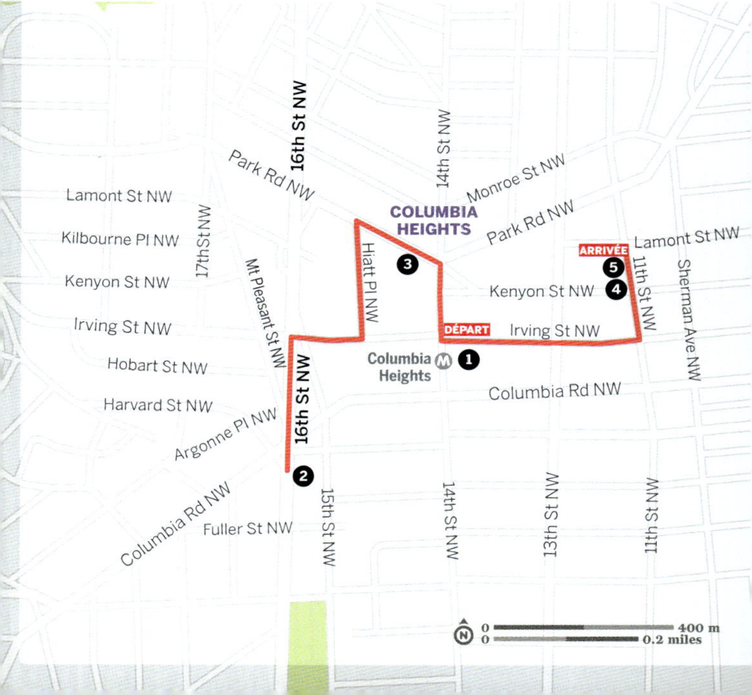

❶ Un quartier en plein essor

L'arrivée du métro à Columbia Heights il y a une vingtaine d'années a stimulé le développement du quartier, devenu très branché. Commencez votre balade à la station, l'une des plus fréquentées en-dehors de Downtown.

❷ Mexican Cultural Institute

Une imposante demeure accueille le **Mexican Cultural Institute** (☎202-728-1628 ; www.instituteofmexicodc.org ; 2829 16 St NW ; gratuit ; ⏰10h-18h lun-ven). D'excellentes expositions artistiques et culturelles y sont programmées : l'œuvre de Diego Rivera, les objets religieux mayas ou encore les écrits d'Octavio Paz. Pour entrer, sonnez à la porte.

❸ Los Hermanos

Lorsque les joueurs de base-ball dominicains affrontent les Nats à Washington, ils viennent se rassasier chez **Los Hermanos** (loshermanosfordc.com ; 1426-8 Park Rd NW ; plats 10-14 $; ⏰10h-21h lun-sam, 10h-20h dim). Commandez au comptoir assorti d'une vitrine et indiquez les plats de votre choix, comme le porc mofongo (aux bananes plantains frites) ou le ragoût de queue de bœuf.

❹ Wonderland Ballroom

Le **Wonderland Ballroom** (☎202-232-5263 ; www.thewonderlandballroom.com ; 1101 Kenyon St NW ; ⏰17h-2h lun-jeu, 16h-3h ven, 11h-3h sam, 11h-2h dim) possède un vaste patio avec d'immenses bancs en bois pour les chaudes soirées. Le dance floor à l'étage, animé par des groupes et des DJ, est bondé le week-end. L'intérieur est décoré d'enseignes anciennes et d'objets trouvés, au point que l'endroit pourrait faire office de musée de la culture populaire !

❺ BloomBars

Le centre culturel **BloomBars** (☎202-567-7713 ; www.bloombars.com ; 3222 11th St NW ; don conseillé ; ⏰horaires variables) propose des contes pour les enfants et des cours de musique en journée ; des expositions et des concerts de world music le soir.

Vaut le détour

Arlington National Cemetery

Plus de 400 000 soldats et membres de l'armée américaine reposent dans ce cimetière militaire. Sur 252 ha vallonnés, de simples pierres blanches marquent les tombes de soldats tombés lors de toutes les guerres menées par les États-Unis depuis la guerre d'Indépendance. Il n'est pas rare de voir des familles réunies autour d'un cercueil tendu d'un drapeau ou d'entendre le son d'un clairon résonner.

www.arlingtoncemetery.mil

877-907-8585

Gratuit

8h-19h avr-sept, 8h-17h oct-mars

M Ligne bleue, arrêt Arlington Cemetery.

Tomb of the Unknowns

Surveillée par une sentinelle portant fusil et gants blancs, la tombe des Soldats inconnus contient les corps de soldats américains non identifiés des deux guerres mondiales et de la guerre de Corée. La relève de la garde (toutes les demi-heures d'avril à septembre, toutes les heures d'octobre à mars) est un moment poignant.

Tombes de la famille Kennedy

Une flamme éternelle marque la tombe de John F. Kennedy, à côté de celles de Jacqueline Kennedy Onassis et de leurs deux enfants morts prématurément. Entre les pavés en granit de Cape Cod qui couvrent le sol poussent du trèfle et du sedum évoquant un champ du Massachusetts. Le frère de JFK, Bobby, est enterré à 30 m au sud-ouest. Son frère cadet Ted repose aussi non loin.

Arlington House

Le cimetière est en partie aménagé sur le domaine de l'**Arlington House** (☎703-235-1530 ; www.nps.gov/arho ; gratuit ; ⏲9h-16h30), où habitaient Robert E. Lee et son épouse Mary Anna Custis Lee, une descendante de Martha Washington. Quand Lee partit commander l'armée de Virginie lors de la guerre de Sécession, les troupes de l'Union confisquèrent la propriété pour y enterrer leurs morts. La maison se visite.

Autres mémoriaux

Le mémorial de l'équipage de la navette spatiale *Challenger* se trouve près de la Tomb of the Unknowns. L'USS Maine Memorial, orné de l'immense mât du cuirassé, est également ici. Un peu plus loin se trouve le très controversé Confederate Memorial, qui rend hommage aux morts des États confédérés tombés lors de la guerre de Sécession.

★ À savoir

- Le centre d'information des visiteurs distribue des plans gratuits.
- Les circuits en bus (adulte/enfant 17,95/9,95 $) partant du centre d'information sont un moyen facile pour voir les principaux monuments.
- L'excellente application "ANC Explorer" est gratuite.

✗ Une petite faim ?

Ireland's Four Courts (www.irelandsfourcourts.com ; 2051 Wilson Blvd ; ⏲14h-2h lun-jeu, 11h30-2h ven, 8h30-2h sam-dim ; Ⓜ Courthouse) est un pub irlandais classique, avec Guinness et shepherd's pie, à 3 km environ au nord-ouest du cimetière.

★ Comment y aller

Ⓜ Ligne bleue, arrêt Arlington Cemetery. Bien qu'Arlington soit situé en Virginie, il ne se trouve qu'à quelques arrêts au sud-ouest du National Mall.

Carnet pratique

Union Station (p. 144) KAMIRA/SHUTTERSTOCK ©

Avant de partir

Réserver son séjour

- Autour de la Maison-Blanche, Downtown et Dupont Circle offrent le plus de possibilités.
- Les prix affichés comprennent rarement la taxe hôtelière (14,5%).
- Pour le parking, comptez de 35 à 55 $ par jour.

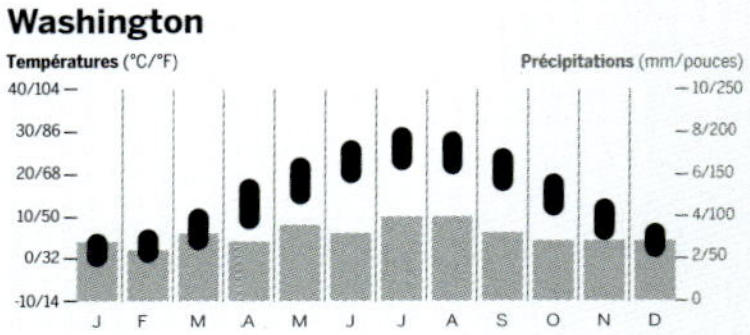

Quand partir

- **Hiver (déc-fév)**
Le mois de décembre est une période festive. Les années d'investiture présidentielle, évitez janvier. Le reste du temps, nombreuses réductions. Temps gris et froid.
- **Printemps (mars-mai)** Saison très touristique : floraison des cerisiers et visites des groupes scolaires. Temps agréable.
- **Été (juin-août)**
De nombreux touristes et beaucoup de festivals. Temps chaud et humide (30°C et plus).
- **Automne (sept-nov)** Les touristes sont moins nombreux, mais les prix des hôtels restent élevés en raison des voyageurs d'affaires. Temps plus frais. Les arbres explosent de couleurs.

Sites Web

- **WDCA Hotels** (www.wdcahotels.com). Un choix d'hôtels à petits prix par quartier, tarif, ou niveau de respect de l'environnement.
- **Destination DC** (www.washington.org). La sélection de l'office du tourisme.
- **Abritel** (www.abritel.fr). Locations de vacances entre particuliers.

Petits budgets

William Penn House (www.williampennhouse.org). Pension tenue par la communauté des quakers. Jardin et dortoirs.

HighRoad Hostel (www.highroadhostels.com). Des dortoirs modernes, de très bons équipements, près d'Adams Morgan.

Catégorie moyenne

Hotel Lombardy (www.hotellombardy.com). De belles chambres bien décorées pour une clientèle internationale.

Tabard Inn (www.tabardinn.com). Des chambres originales, sans TV, dans un agréable ensemble de maisons victoriennes.

Kimpton Carlyle (www.carlylehoteldc.com). Un bel hôtel Art déco, peu connu, dans le quartier des ambassades.

Cambria Washington DC Convention Center (www.cambriadc.com). De vastes chambres dans un bâtiment écologique neuf, près du Convention Center.

Catégorie supérieure

Hay-Adams Hotel (www.hayadams.com). Le luxe à l'ancienne, à deux pas de la Maison-Blanche.

The Jefferson (www.jeffersondc.com). Luxueux et romantique, considéré comme la meilleure adresse de la ville.

Willard InterContinental Hotel (www.washington.intercontinental.com). Les suites, somptueuses, sont souvent réservées pour les chefs d'État en visite officielle à Washington.

St Regis Washington (www.stregiswashingtondc.com). Un palais italien, avec des chambres dignes d'accueillir un roi.

Arriver à Washington

Depuis l'aéroport national Ronald Reagan

◦ **Métro** (www.wmata.com). L'aéroport est situé sur les lignes bleue et jaune du métro. Un départ toutes les 10 minutes entre 5h et minuit (jusqu'à 3h du matin ven-sam), arrivée au centre-ville en 20 minutes (environ 2,60 $).

◦ **Navette** Le **Supershuttle** (www.supershuttle.com) est une navette partagée qui permet de rallier le centre-ville en 10 à 30 minutes moyennant 16 $. Départ de 5h30 à 0h30.

◦ **Taxi** La course prend de 10 à 30 minutes selon la circulation. Comptez de 15 à 22 $. Les taxis stationnent devant la zone de livraison des bagages de chaque terminal.

Depuis l'aéroport international de Dulles

◦ **Bus et métro** Le bus Silver Line Express de **Washington Flyer's** (www.washfly.com) part toutes les 15 à 20 minutes de Dulles (terminal principal, niveau des arrivées, porte 4) pour la station de métro Wiehle-Reston East, entre 6h (7h45 le week-end) et 22h40. Comptez 11 $ environ

Un fil d'Ariane en voyage

Vous êtes ressortissant français ? Pensez à vous enregistrer sur le **portail Ariane** (pastel.diplomatie.gouv.fr/fildariane) du ministère des Affaires étrangères. Ce service gratuit vous permet de recevoir des alertes si la situation le justifie. Crise politique, catastrophe naturelle, attentat... recevez en temps réel des consignes de sécurité lors de votre voyage. Il existe une application pour les Smartphones et les tablettes, intitulée *Conseils aux voyageurs*.

Faites des économies

- De nombreux sites et activités gratuits (p. 15).
- Lors de l'*happy hour* (16h-19h), les bars vendent des boissons et/ou des plats à prix réduits.
- Un pass journée illimité pour le métro coûte 13 $. Disponible dans toutes les stations.

(bus et métro compris). Durée totale jusqu'au centre-ville : de 60 à 75 minutes.

- **Bus** Entre 5h50 (6h30 le week-end) et 23h35, le **Metrobus 5A** (www.wmata.com) part toutes les 30 à 40 minutes de Dulles vers la station de métro Rosslyn (lignes bleue, orange et argent), puis vers le centre-ville (L'Enfant Plaza). Comptez environ 1 heure de trajet et 7 $ au total.
- **Navette** La navette partagée **Supershuttle** (www.supershuttle.com) rejoint le centre-ville en 30 à 60 minutes pour 30 $. Circule de 5h30 à 0h30.
- **Taxi** La course en taxi pour le centre prend de 30 à 60 minutes selon le trafic et coûte entre 62 et 73 $.

Depuis la France

- **Air France** (www.airfrance.fr), **Lufthansa** (www.lufthansa.com) et **United Airlines** (www.united.com) assurent des vols directs entre Paris et Washington. Comptez un minimum de 900 € aller-retour et un peu moins de 9 heures. Depuis la province, vous devrez transiter par Paris ou une ville européenne ou américaine.

Depuis la Belgique

- Les compagnies **Brussels Airlines** (www.brusselsairlines.com), **United Airlines** (www.united.com) et **Lufthansa** (www.lufthansa.com) desservent Washington par vols directs depuis Bruxelles en un peu moins de 9 heures. Comptez 700 € minimum l'aller-retour.

Depuis la Suisse

- Genève et Zurich sont desservies par des vols directs à destination de Washington par **Swiss International Air Lines** (www.swiss.com) et **United Airlines** (www.united.com). Comptez près de 8 heures de vol et 600 CHF.

Depuis le Canada

- **Air Canada** (www.aircanada.com) et **United Airlines** (www.united.com) relient Toronto et Montréal à Washington plusieurs fois par jour. De Montréal, il faut moins de 2 heures et 400 $C minimum, de Toronto environ 1h30 et 330 $C. Québec n'est pas desservie par vol direct.

Depuis la gare de Union Station

- **Métro** Il y a une station de métro (ligne rouge) dans la gare, qui est à quelques arrêts au nord-est du centre-ville.
- **Taxi** Les taxis attendent devant l'entrée principale. Prévoyez 7 $ pour le centre-ville et 10 $ pour Dupont Circle.

Comment circuler

Bus

- Il y a deux réseaux de bus publics à Washington : Circulator et Metrobus.
- Les bus **DC Circulator** (www.dccirculator.com) sont pratiques, notamment entre Union Station et le Mall (ils passent par les principaux musées et mémoriaux), entre Union Station et Georgetown (via K St), entre Dupont Circle et Georgetown (via M St), entre le quartier de la Maison-Blanche et Adams Morgan (via 14th St).
- Les bus Circulator roulent de 7h à 21h en semaine (minuit le week-end). Le trajet coûte 1 $.
- Le **Metrobus** (www.wmata.com) circule dans toute la ville et en banlieue du petit matin jusque tard le soir. Le tarif est de 2 $.
- Faites l'appoint ou utilisez une SmarTrip Card pour tous les bus.

Métro

- Pratique et moderne, le **Metrorail** (www.wmata.com) est appelé "Metro" par les Washingtoniens.
- Il circule à partir de 5h du lundi au vendredi (7h le week-end) ; dernier service vers minuit du dimanche au jeudi et à 1h le vendredi et le samedi.
- Il y a 6 lignes, identifiées chacune par une couleur : rouge, orange, bleue, verte, jaune et argent.
- La SmarTrip Card est un pass en vente dans les distributeurs à l'intérieur des stations. Rechargeable, le pass coûte 10 $ et est chargé avec 8 $ de trajet. On paie ensuite le nombre de trajets souhaité.
- Les trajets coûtent de 2 $ à 6 $, en fonction de la distance et du moment de la journée. Les prix augmentent légèrement aux heures de pointe le matin et le soir.
- On doit passer sa carte aux tourniquets à l'entrée et à la sortie, où le coût du billet est débité. Les cartes se rechargent aux machines "Addfare".

Taxi et VTC

- Les taxis stationnent devant Union Station, les grands hôtels et les stades mais sont difficiles à héler dans la rue.
- Comptez 3,25 $ de prise en charge puis 2,16 $ par mile.

À savoir

Tabac Il est interdit de fumer dans les bars ainsi que dans les restaurants.

Dîner Les gens dînent tôt, souvent vers 18h.

Dans le métro Restez à droite dans les escalators si vous n'avancez pas, à gauche si vous marchez.

Conversation Demander à quelqu'un que l'on vient de rencontrer ce qu'il fait dans la vie n'est pas déplacé. La plupart des gens à Washington ont un travail intéressant et sont heureux d'en parler.

- Supplément de 2 $ pour les taxis commandés par téléphone. Appelez **DC Yellow Cab** (☎202-544-1212) si vous voulez que l'on vienne vous chercher.
- Les services de VTC **Uber** (www.uber.com), **Lyft** (www.lyft.com) et **Via** (www.ridewithvia.com) sont très utilisés. Selon les Washingtoniens, ils sont plus rapides et moins chers que les taxis.

Vélo

- **Capital Bikeshare** (☎877-430-2453 ; www.capitalbikeshare.com ; abonnement 1 jour 8 $) offre plus de 3 700 vélos en libre-service répartis dans 440 stations, dont beaucoup sur le Mall.
- On sélectionne son abonnement, on insère sa carte bancaire, puis on reçoit un code permettant de décrocher un vélo.
- Les 30 premières minutes sont gratuites ; puis le tarif augmente rapidement si on ne gare pas le vélo.
- Il est aussi possible de prendre un "*single trip*" (2 $), soit une location de moins de 30 minutes.
- Pour louer un vélo (avec casque et antivol) plus longtemps, comptez 16 $ les 2 heures. Essayez Bike & Roll (p. 90) ou Big Wheel Bikes (p. 76).

Voiture et moto

- Mieux vaut éviter de conduire à Washington : la circulation est dense et il est difficile de se garer.
- Les parkings coûtent entre 15 et 35 $/jour.
- Aux heures de pointe, les grands axes desservant la banlieue sont bondés : en particulier Connecticut Ave, Wisconsin Ave, Georgia Ave NW et Massachusetts Ave.

Infos pratiques

Argent

- La monnaie est le dollar américain ($).
- **Cartes bancaires** Visa, MasterCard et American Express sont acceptées partout.
- **Change** Préférez les agences bancaires aux bureaux de change des aéroports.
- **Distributeurs** On en trouve facilement, notamment dans les banques, les aéroports et les supérettes, 24h/24. Attention, une commission de 3 $ ou plus est généralement prélevée sur chaque retrait effectué.
- Le pourboire est d'usage, sauf si le service a vraiment été exécrable. Porteurs (aéroports et hôtels) : 2 $/bagage, minimum 5 $/chariot. Barmen : 15% de la note, minimum 1 $/verre. Personnel de chambre dans les hôtels : 2 à 5 $/nuit. Serveurs : 15 à 20%, sauf si le service est compris. Taxis : 10 à 15%, arrondis au dollar supérieur. Voituriers : au moins 2-5 $ à la reprise de votre véhicule.

COVID-19

- • Du fait de la pandémie de COVID-19, les conditions d'entrées aux États-Unis sont susceptibles d'évoluer. Renseignez-vous sur les sites cdc.gov/coronavirus et canitravel.net.
- • L'actuel protocole COVID-19 appliqué

à Washington DC est consultable sur le site coronavirus.dc.gov. L'accès à certains lieux ou événements en intérieur nécessitent une preuve de vaccination.

Électricité

120 V/60 Hz

120 V/60 Hz

Formalités

- Le programme d'exemption de visa (Visa Waiver Program ou VWP) permet aux ressortissants de 38 pays (dont la plupart des pays de l'UE et la Suisse) de séjourner aux États-Unis sans visa pour 90 jours au maximum, à condition de demander une autorisation électronique de voyage (Esta) jusqu'à 72 h avant leur arrivée (mais faites-le le plus tôt possible). Cette demande se fait sur le site du **Département de la sécurité intérieure des États-Unis** (esta.cbp.dhs.gov/esta). Les frais de dossier reviennent à 21 $; une fois acceptée, l'inscription est valable deux ans.
- Il est nécessaire d'avoir un passeport dont la date de validité est d'au moins 6 mois à la date d'entrée sur le territoire, un billet aller-retour ou de continuation, une somme d'argent suffisante pour couvrir votre séjour et des obligations garantissant votre retour dans votre pays (famille, travail, domicile, etc.).
- Attention, les voyageurs ayant effectué un voyage en Iran, Iraq, Syrie, Soudan, Somalie, Lybie, Yémen ou Corée du Nord depuis le 1er mars 2011 ne peuvent béeficier du WVP et doivent faire une demande de visa.
- Les visiteurs ayant besoin d'un visa – tout voyageur désirant rester plus de 90 jours ou venant d'un pays extérieur au VWP – doivent faire une demande au consulat américain de leur pays d'origine.
- Les Canadiens doivent simplement être munis d'un passeport en cours de validité pour entrer aux États-Unis dans le but de visiter ou d'étudier. Dans la plupart des autres cas, un visa est nécessaire.
- Si vous emportez un ordinateur portable, une tablette ou un appareil photo numérique, assurez-vous que la batterie est chargée et que les officiers des douanes pourront en inspecter le contenu s'ils le souhaitent.
- Consultez le site du **Département américain de l'État**

(www.travel.state.gov) pour connaître les dernières modifications des conditions d'entrée sur le territoire américain.

Handicapés

- Les musées, les grands sites, les restaurants et les hôtels sont pour la plupart accessibles en fauteuil.
- Les métros et bus sont accessibles en fauteuil. Les stations de métro ont toutes un ascenseur. Les chiens guides d'aveugles sont autorisés dans le métro et les bus.
- Les handicapés bénéficient de réductions sur tout le réseau de transports.
- Les obstacles principaux pour les fauteuils roulants sont les trottoirs en briques dans les quartiers historiques de Georgetown et Capitol Hill. Les trottoirs sont en bon état dans les autres parties de la ville.
- Tous les musées de la Smithsonian prêtent gratuitement des fauteuils roulants et peuvent organiser des visites pour les malentendants. Consultez www.si.edu/Visit/VisitorsWithDisabilities pour plus d'informations.

Heures d'ouverture

- **Administrations** 9h-17h lun-ven.
- **Bars** 17h-1h/2h en semaine, jusqu'à 3h le week-end.
- **Discothèques** 21h-1h/2h en semaine, jusqu'à 3h/4h le week-end.
- **Magasins** 10h-19h lun-sam, 12h-18h dim.
- **Musées** 10h-17h30.
- **Restaurants** Petit-déj 7h/8h-11h ; déj 11h/ 11h30-14h30 ; dîner 17h/18h-22h dim-jeu, jusqu'à 23h ou minuit ven-sam.

Jours fériés

- **Nouvel An** 1er janvier
- **Fête de Martin Luther King Jr** 3e lundi de janvier
- **Jour de l'Investiture** 20 janvier (tous les 4 ans)
- **Présidents' Day** 3e lundi de février
- **Emancipation Day** 16 avril
- **Memorial Day** Dernier lundi de mai
- **Independence Day (Fête nationale)** 4 juillet
- **Fête du Travail** 1er lundi de septembre
- **Columbus Day** 2e lundi d'octobre
- **Veterans Day** 11 novembre
- **Thanksgiving** 4e jeudi de novembre
- **Noël** 25 décembre

Offices du tourisme

Destination DC (☎ 202- 789-7000 ; www.washington.org). Le site officiel de l'office du tourisme de Washington. Beaucoup d'informations en ligne.

Smithsonian Visitor Center (plan p. 34 ; ☎ 202-663-1000 ; www.si.edu/visit ; 1000 Jefferson Dr SW ; 8h30-17h30 ; Wi-Fi ; M Lignes orange, argent et bleue, arrêt Smithsonian). Une excellente source d'informations, où l'on vous dira tout ce que vous désirez savoir au sujet des programmes des musées.

Téléphone

- **Indicatif des États-Unis** ✆1
- **Indicatif de Washington** ✆202
- **De Washington vers la France, la Belgique et la Suisse** Composez le ✆011 + l'indicatif du pays + le numéro sans le 0 initial.
- **De Washington vers le Canada ou une autre région aux États-Unis** Composez le ✆1 + indicatif régional + numéro local à 7 chiffres.
- Pour passer un appel à Washington, composez le numéro local à 7 chiffres. Si pour une raison ou une autre cela ne marche pas, essayez d'ajouter le ✆1, puis l'indicatif régional avant le numéro local.
- Si vous voulez utiliser votre Smartphone, vérifiez sa compatibilité avec le réseau américain et renseignez-vous auprès de votre opérateur sur l'option "international". Consultez aussi la p. 28.

Langue

En raison de leur histoire et de la diversité de leur population, les Américains pratiquent, pour la plupart d'entre eux, plusieurs langues. L'anglais, parlé dans tout le pays, n'a pas été désigné comme langue officielle des États-Unis. Du fait de l'importance de la population hispanique, l'espagnol est la deuxième langue la plus parlée dans le pays.

Expressions courantes

Bonjour/salut.
Hello/Hi. — *hè*·lo/haï

Au revoir.
Goodbye. — goud·*baï*

Excuse(z)-moi.
Excuse me. — ek·*skyouz* mi

Désolé(e).
Sorry. — *so*·ri

S'il vous (te) plaît.
Please. — pliiz

Merci.
Thank you. — *Sank* you

Oui./Non.
Yes./No. — yès/neo

Parlez-vous français ?
Do you speak french? — dou you spik *frènn*·ch

Je ne comprends pas.
I don't understand. — *aï dont* eunn·deur·*stand*

Comment allez-vous/vas-tu ?
How are you? — hao âr *you*

Bien. Et vous/toi ?
Fine. And you? — faïnn annd *you*

Au restaurant

Je suis végétarien(ne).
I'm vegetarian. — aïm vèdjè·*teu*·rieunn

Santé !
Cheers! — *tchiirz*

C'était délicieux !
That was delicious! — zat woz dè·*li*·cheus

L'addition s'il vous plaît.
The bill, please. — zeu bil pliiz

Je voudrais..., s'il vous plaît.
I'd like ..., please. — aïd *laïk* ...pliiz

une table pour (deux)	*a table for (two)*	*eu téï·beul for (tou)*
ce plat	*that dish*	*zat dich*
la carte des vins	*the wine list*	*zeu waïnn liste*

Shopping

Je cherche...
I'm looking for ... — aïm *lou*·kiinng for ...

Combien est-ce que ça coûte ?
How much is it? — *hao* meutch iz it

C'est trop cher.
That's too expensive. — zats *tou* èx·*pènn*·siv

Pouvez-vous baisser le prix ?
Can you lower the price? — kann you lao·wèr zeu *praïs*

Urgences

Au secours !
Help! hèlp

Appelez un médecin !
Call a doctor! kôl eu *dok*·teur

Appelez la police !
Call the police! kôl zeu po·*liis*

Je suis perdu(e).
I'm lost. aïm lost

Je suis malade.
I'm sick. aïm sik

Où sont les toilettes ?
Where's the bathroom? wèrz zeu *bass*·roum

Heure et chiffres

Quelle heure est-il ?
What time is it? wat taïm iz it

Il est (1/13) heure(s).
It's (one am/pm) o'clock. its (wann èï·èm/pi·èm) ok·*lok*

matin	*morning*	*mor*·ninng
après-midi	*afternoon*	*af*·teur·*noun*
soir	*evening*	*iv*·ninng
hier	*yesterday*	*yès*·teu·dèï
aujourd'hui	*today*	*tou*·dèï
demain	*tomorrow*	*tou*·*mo*·ro

1	*one*	wann
2	*two*	tou
3	*three*	srii
4	*four*	fôr
5	*five*	faïv
6	*six*	six
7	*seven*	sè·veunn
8	*eight*	eït
9	*nine*	naïnn
10	*ten*	tèn

Transports et orientation

Où est...?
Where's ...? wèrz ...

Quelle est l'adresse ?
What's the adress? wats zi a·*drès*

Pouvez-vous me montrer (sur la carte) ?
Can you show me (on the map)? kann you chô mi (onn zeu map)

Un billet pour..., s'il vous plaît.
One ticket for ... please. wann *ti*·kèt fo ... pliiz

À quelle heure part le bus/le train ?
What time does the bus/train leave? wat taïm daz zeu beus/tréin liv

Je voudrais un taxi.
I'd like a taxi. aïd laïk eu *tak*·si

Ce taxi est-il libre ?
Is this taxi free? iz zis *tak*·si frii

Arrêtez-vous ici, s'il vous plaît.
Please stop here. pliiz stop hiir

Hébergement

Où puis-je trouver un hôtel ?
Where's a hotel? wèrz eu ho·*tèl*

Je voudrais réserver une chambre.
I'd like to book a room. aïd laïk tou bouk eu roum

J'ai une réservation.
I have a reservation. aï hav eu rè·zèr·*véï*·cheunn

En coulisses

Vos réactions ?

Vos commentaires nous sont très précieux pour améliorer nos guides. Notre équipe lit vos lettres avec la plus grande attention et prend en compte vos remarques pour les prochaines mises à jour. Pour nous faire part de vos réactions, prendre connaissance de notre catalogue et vous abonner à notre newsletter, consultez notre site Internet : **www.lonelyplanet.fr**

Nous reprenons parfois des extraits de notre courrier pour les publier dans nos guides ou sites Web. Si vous ne souhaitez pas que vos commentaires soient repris ou que votre nom apparaisse, merci de nous le préciser. Notre politique en matière de confidentialité est disponible sur notre site Internet.

Un mot de l'auteure

Un grand merci à tous les Washingtoniens qui ont partagé leurs meilleures adresses. Merci par-dessus tout à Eric Markowitz, le meilleur compagnon au monde, qui a gentiment accepté ma fixation pour Abraham Lincoln. Tu es mon n°1.

Crédits

Photo de couverture : Prendre l'air au Capitol Hill ; Orhan Cam / Shutterstock ©

À propos de cet ouvrage

Cette 4ᵉ édition du guide *Washington en quelques jours* est une traduction-adaptation de la 3ᵉ édition de *Pocket Washington, DC*, publiée en anglais par Lonely Planet et rédigée par Karla Zimmerman. Les précédentes éditions ont été rédigées par Karla Zimmerman (2ᵉ édition) et Adam Karlin (1ʳᵉ édition).

Traduction
Yann Champion et Laurence Stewart

Direction éditoriale
Dominique Bovet

Responsable prépresse
Jean-Noël Doan

Adaptation française
Anne Cauvel de Beauvillé

Maquette
Caroline Donadieu

Cartographie
Cartes originales adaptées en français par Eduardo Yanes-Blanch et Afdec.

Couverture Laure Wilmot et Laurent Briard.

Remerciements à Sylvie Rabuel pour sa relecture attentive du texte.

Index

Consultez aussi les index :

Se restaurer p. 155
Prendre un verre p. 156
Sortir p. 156
Shopping p. 156

Références des **sites**
Références des **cartes**

Références des **sites**
Références des **cartes**

Se restaurer

Prendre un verre

Sortir

Shopping

Notes

L'auteure

Karla Zimmerman

Karla vit à Chicago, où elle mange des doughnuts, supporte les Cubs avec ferveur et écrit des trucs pour des livres, des magazines et des sites Internet, lorsqu'elle ne fait pas les deux choses précitées. Elle a participé à plus de 40 guides et anthologies de voyages, couvrant des destinations en Europe, en Asie, en Afrique, en Amérique du Nord et dans les Caraïbes (autant dire que l'époque où elle écrivait des articles au sujet des graviers pour un magazine sur la construction lui semble loin). Vous pourrez en apprendre plus sur elle en la suivant sur Instagram et Twitter (@karlazimmerman).

Washington en quelques jours
4e édition
Traduit et adapté de l'ouvrage *Pocket Washington, 4th edition, December 2022*

Dépôt légal Mai 2023
ISBN 978-2-38492-082-2
Imprimé par L.E.G.O. Spa (Legatoria Editoriale Giovanni Olivotto), Italie

En Voyage Éditions | un département édi8